Dialogue

and

Narrative

他者と働く

「わかりあえなさ」から始める組織論

宇田川 元一

埼玉大学 経済経営系大学院 准教授

NEWS PICKS
PUBLISHING

他者と働く

――「わかりあえなさ」から始める組織論

はじめに

正しい知識はなぜ実践できないのか

私は経営戦略論や組織論を専門とする経営学の研究者です。「新たな事業を興《おこ》していける組織はどのようなものか」をテーマに研究をしています。

私がもともと経営や組織、そして本書のテーマである**「対話（dialogue）」**というものに関心を持つに至ったのは、父が零細企業の経営者をしていたことがひとつの大きな要因です。

父はバブル期に銀行にそそのかされて株取引を行うことになり、その結果、とても大きな負債を負いました。私が大学院生のときにガンで他界したのですが、残された家族で父のバブルの「敗戦処理」を行うという大変苦しい経験をしました。多大な借金を返済し続ける最中、明日があるのだろうかと思うようなお金の修羅場を経験し、なんとかその問題を乗り越えて、今、こうして大学で研究者として生きています。

科学的に「正しい答え」を出す研究はとても素晴らしく、感銘を受けるものもたくさんあります。その一方で、自分の過去に経験した生々しい現実に置き換えたときには、「そういうことじゃないんだ」というもどかしさをずっと感じてきました。そしてあるとき、なぜもどかしいのか、その帰結に突き当たりました。
それは**「知識として正しいことと、実践との間には大きな隔たりがある」**ということです。そして、実践が難しい問題は、少し目を凝らせば無数に転がっていました。

最近では、多くの講演の機会を得るようになりました。講演後の質疑応答でよく受ける質問がやはり、「あなたの言うような考え方は大切だと思うけれど、なかなか実践することが難しい。上司の理解がないから……（部下に危機感が足りないから、私の会社は古い体質だから、業界が閉鎖的だから等、バリエーションは様々）、どうやったらできますか？」というものです。

この「どうやったらできるか」の意味には、2つの方向性があります。

ひとつは「やってみたいけれど、その入り口はどこにあるか」という意味です。実際にその問題に対して自らの考えを修正しながら取り組みたい、何らかの実践をしたいという意思があると見ることができるでしょう。

しかし、ほとんどの場合、もうひとつの意味で質問がなされています。それは「失敗しないでうまくやる方法、つまり正解を知りたい」というものです。その問題に対する問いの立て方は変えたくない、だけれど、それに相手をうまく巻き込んでつつがなく物事を進めたいのです。

結論から言いましょう。そんな「都合のいい方法」はありません。

いや、少し語弊があります。正確には、「都合のいい問題」は、あまり残っていません。大抵の場合、気の利いた誰かがとっくに解決しています。

今は困ったことがあれば、スマートフォンで検索をすると、たくさんのノウハウに触れることができます。書店のビジネス書コーナーへ足を運べば、たくさんのビジネス書、実用書が積まれています。話す技術、聞く技術、伝える技術、交渉術、リーダーシップ論、組織論、チーム論……。

私たちの眼前にはたくさんの「武器」があり、戦術や戦略があります。それらの武器でなぎ倒されたあとに残るのは、一筋縄で解決できない組織の壁や政治、文化、慣習などでがんじがらめになった「都合の悪い問題」ばかりです。

ハーバード・ケネディ・スクールで25年間リーダーシップ論の教鞭をとり、「最も影響を受けた授業」に選ばれ続け、ＩＢＭ、マイクロソフト、マッキンゼー、世界銀行などのアドバイザーも務めるロナルド・ハイフェッツ。彼は、既存の方法で解決できる問題のことを**「技術的問題」(technical problem)**、既存の方法で一方的に解決ができない複雑で困難な問題のことを**「適応**

技術的問題と適応課題

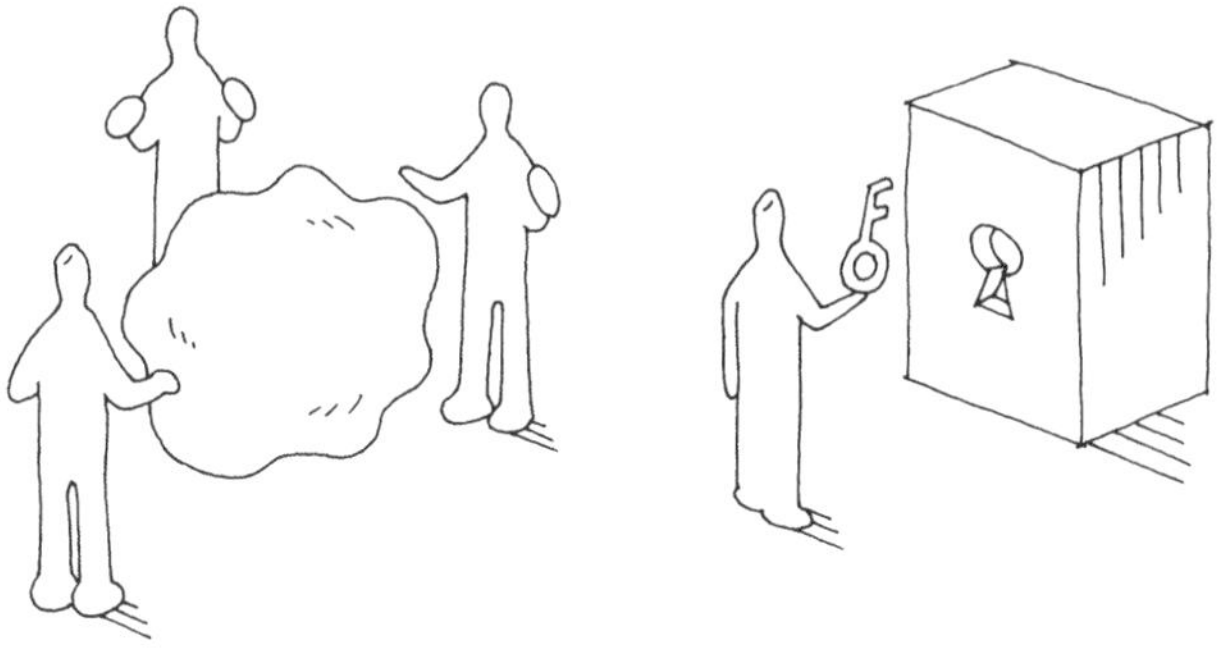

適応課題
関係性の中で生じる問題

技術的問題
既存の知識・方法で解決できる問題

課題」（adaptive challenge）と定義しました。

例えば、私たちはのどが渇いたとき、水を飲めばその問題は解決します。これは技術的問題だと言えます。確かに、こうした問題は知識の量が増えれば対処できるようになっていきます。職場で、各々が持っているデータ共有しなくてはならないというような場合であれば、これは単純にクラウド上にデータを保存するサービスがあることを知っていれば解決できます。

一方で、適応課題とは、他の部署に協力を求めても協力をしてくれない場合のように、これといった解決策が見つからない問題です。先ほどのクラウドサービスの導入にあたって、会議で提案をしたところ、「それはこういうリスクがある」と反対を受ける、というようなケースです。

そして、そのリスクは回避できるといくらロジカルに説明しても、何か別な理由をつけてまた反対される、というようなことがあった場合、それは「適応課題」だとわかります。なぜならば、表で語られている言葉の背後には、語られていない何か別なことがあると考えられるからです。

例えば、「共有した情報を元に勝手に仕事を進められると、問題が起きたときに対処することが面倒くさい」とか「自分の持っているデータを共有されると、自分のアドバンテージが失われてしまう」など、相手に何らかの痛みが予想されたりする場合です。

これは、単に「こうするほうが合理的だ」と主張しても解決しません。変化がもたらす恐れを相手が乗り越えることを可能にしていかなければ、物事が先に進まないからです。

これだけ知識や技術があふれている世の中ですから、技術的問題は、多少のリソースがあれば、なんとかできることがほとんどです。つまり、私たちの社会が抱えたままこじらせている問題の多くは、「適応課題」であるということです。

見えない問題、向き合うのが難しい問題、技術で一方的に解決ができない問題である「適応課題」をいかに解くか——それが、本書でお伝えする**「対話」**です。

「対話」と言うと、「あの輪になって話をさせられるアレのことでしょ」と訝しい顔をする方も多いと思います。しかし、対話は向き合ってじっくり話をすることではありません。

対話とは、一言で言うと**「新しい関係性を構築すること」**です。

新しい関係性を構築するというのは、いきなりわかり合おうとすることではありません。

先のクラウドのサービス導入提案の例を考えてみるならば、提案を拒否されて腹を立てていたときは、「相手に自分の提案を受け入れさせよう」という関係性でした。しかし、相手にも相手なりに一理あって、その相手の状況の中で提案が意味のあるものにする必要があると考えられたときに、関係性の変化が始まっているのです。

このように、新しい関係性を築いていくことは少し手間のかかることです。

この本には、副題に「組織論」という言葉がついています。組織論というと、一般には組織形態やマネジメント手法、あるいは組織メンバーのモチベーションなどをテーマとするものと考えられていると思います。一方、この本では、組織の中での関係性を作ったり、変えたりしていくための「対話の実践」をテーマにしています。なぜこれが組織論なのでしょうか。

それは、**組織とはそもそも「関係性」だからです。**私たちは組織がモノとして存在しているように考えています。しかし、あなたが勤めている会社を考えてみて下さい。そこには、人がいて建物はあってても組織はモノとしては存在せず、実は誰もそれ自体を見たことがありません。でも、私たちはその組織のために毎日出勤したり、会議をしたりします。

つまり、組織の実質とは、実は私たちを動かしている関係性そのものなのです。ですから、関係性を作ったり、変えたりする実践をテーマにしているこの本は、組織の実質を作ったり、変えたりすることに関する「組織論」の本なのです。

組織に問題があることはみなわかっている。けれど、どう向き合えばよいのかよくわからない。そうこうするうちに時間だけが過ぎていく……。そのような経験をなさった方も少なくないでしょう。そして、その問題からそっと目を逸らし、「すごい技術」や「すごい誰か」がこの問題を片付けるだろうと見て見ぬふりをしているようにも見えます。

しかし、「すごい技術」や「すごい誰か」は、なかなかやってきません。いくら知識を学んだとしても、私たちが見えていない問題や見ることを避けている問題に向き合っていかない限り、何も変わらないのです。

どうやったら私たちはよりよい組織、社会を作ることができるのか。もう一歩踏み込んで考えることができるはずです。

劇作家の平田オリザさんは、著書『わかりあえないことから』で、対話が日本で起きにくいのは、お互いに同じ前提に立っていると思っているからだ、と喝破しました。そして、**お互いにわ**

かり合えていないことを認めることこそが対話にとって不可欠であると述べています。これは大変鋭い指摘です。

ビジネスの現場は、雇用が流動化しているとはいえ、ともに取り替えの利かない「他者」と一緒に、物事を成し遂げなければいけません。

つまり互いにわかり合えていないということを受け入れた上で、「知識の実践」を行うしかないのです。

世界中にイノベーティブな企業が次々と現れ、目まぐるしく変化を遂げるビジネスの世界で、このような組織の関係性の中で起こる面倒な問題にいちいち関わっている余裕などない、と思う方もいるかもしれません。

けれど年功序列の旧態依然とした職場でも、スタートアップのフラット組織でも、それは起こります。社内でも社外でも、組織の階層や職種を問わず、誰もが適応課題に直面します。1on1を重ねても、コーチングを学んでも、プレゼンテーションスキルを磨いてみても、組織改革をしてみても、「わからず屋」たちとの「わかりあえなさ」に直面するはずです。その背後には適応課題が隠れています。

そして、その関係性の中で生じる数々の適応課題は、少し視点を変えて、取り組み方を工夫すれば、誰でもそれぞれの立場から適応課題に挑むことが可能です。権限がなければ解けない問題ではありません。

その現実的な鍵こそが対話なのです。そのことを伝えたくてこの本を書きました。

適応課題に挑むことは、社会や会社のため、他者のためではありません。むしろ、仕事の中で閉塞感を感じていたり、なんだかモヤモヤするなあと感じている人ほど、自身と自身の環境に重要な変化をもたらすことでしょう。より自由に仕事ができるようになるはずです。

そして一度、対話の可能性に気づけば、硬直しかけた組織、基軸の見えない組織の中にこそたくさんのリソースが埋もれていることに気づくことはずです。

現実に立脚して、理想とのギャップに挑むには他者とともによりよく働くことが不可欠です。それを阻《はば》むもの、可能にするものは何なのかということを、この本を通じてお伝えしたいと思います。

目次

［第1章］

組織の厄介な問題は「合理的」に起きている

先ほど「はじめに」の中で、組織で起きる問題には、技術やノウハウで一方的に解決できない問題があり、その一筋縄ではいかない問題のほとんどが「適応課題」であると書きました。

それに向き合って、解決する手法が**「対話」**です。この章では、対話が具体的にどんなものかを説明していきます。

みなさん対話と聞くと、「1 on 1」などのように、上司と部下が向き合って、じっくり話をすることを思い浮かべると思います。また、「あの輪になって話をさせられるアレのことでしょ」と対話集会やワークショップを思い浮かべて、訝しい顔をする方も多いと思います。

でも私がこの本でお伝えする「対話」は、コミュニケーションの手法ではありません。場合によっては、言葉を使わない場合もあります。

対話とは、一言で言うと**「新しい関係性を構築すること」**です。これは哲学者のマルティン・ブーバーやミハイル・バフチンらが用いた「対話主義」や「対話概念」と呼ばれるものに根ざしています。

もちろんそんな由来は気にしないでもらって大丈夫です。私たちは生きていれば、常日頃から「関係性」を新しくしながら、対話を続けている存在だからです。

兄弟経営者の対話「兄は経営者にふさわしいのか？」

対話について、話を掘り下げる前に、ある企業の経営陣のエピソードをお話しします。

この会社は同族企業で、現在の社長が一代で大きく成長を成し遂げ、現在、事業継承つまり、社長の代替わりが必要な段階にあります。しかしその中で、組織上の課題がいくつか出てきていました。そのうちのひとつは、現在の副社長である長男が、どのように社長になることができるか、という課題でした。

私は定期的にメンタリングを行っていましたが、次男と一対一で面談した中で、徐々に話が「兄は経営者にふさわしいのかどうか」という内容へと移っていきました。次男から見て、兄への厳しい評価がいくつか出てきました。彼からすれば、兄の働きは不満に感じるところが多く、このまま社長になることは受け入れ難かったのです。

私はそこで、次男の語りの中に含まれていない点として、長男として常に父親から足りないところを指摘され続ける「プレッシャー」や、会社を継ぐことを役割づけられていることで感じる「不自由さ」について共有をすることにしました。日々どのように感じていると私から見えるか、ということをお話ししたのです。

すると、「なるほど、そういうところは気がつかなかったです。彼なりに苦労は色々あったんですね」と仰っていました。そして、「もっと兄のよいところを会社の中で発揮してもらいたい」とも語りました。

そして、次のメンタリングのとき、今度は兄と弟の両者が直接話すように場を設定し、話をしてもらいました。その中で、次男はこう言いました。

「私は今まで兄が社長にふさわしいかどうかと考えていました。けれど、これからは**兄が社長になれるためにどうするか**、と自分は考えることにします」

さらに、具体的にどうしたらもっとよいところが生きてくるか、ということについても次男からいくつも提案が出てきました。

もしも、次男が「社長にふさわしいかどうか」という判断をする立場であったら、色々と提案するよりも、外側から「何をやった／やっていない（できる／できない）」という軸で、長男に評価を下し続けていたと思います。

しかし、「社長にするために支える」という観点に立ったとき、「こういうことをやってみてはどうか、こうしたらできるのではないか」というアイデアが次々と語られるようになりました。

長男には長男なりの苦しみがあることに気づき、その苦しみを乗り越えるべく、親が一代で築いた事業をともに取り組むメンバー、戦友になる歩みを始めたのです。その中で、「兄はふさわしくないかもしれない」という思いから、「兄が社長になるしかない」と、どのように認識を変えたのか、その内実までは私にはわかりません。

しかし、この変化は、その場に立ち会った私としては、劇的なものがあり、大変感慨深いものがありました。

道具としての関係性からいかに脱却するか

対話について、少し雰囲気がつかめたでしょうか。

先の兄弟の対話の中で、次男がどんなに優秀であろうと、技術的問題として、「組織論」や「チームマネジメント論」、「コミュニケーション術」、「交渉術」などを駆使しても、問題は部分的にしか解決しなかったでしょう。なぜならば、そのアプローチの前提には、「兄が社長にふさわしいか（問題がないか）」という前提があり、さらにその前提には、自分がよいと考える基準に沿って、相手を一方的に評価するという関係性が成り立っているからです。

その状態では、お互いに反発が生じて、お互いの持ち分を生かし合うことができないでしょう。

では、対話によって2人の新しい関係性はどのように変わったのでしょうか。

かつては「兄と弟」であった関係は、お互いに仕事をするようになって、今度は会社の重責を別々に担う関係に変わりました。その中で、弟は兄を評価する視線を向けるようになっていったわけです。これが、対話を通じて、「社長になろうとする兄とそれを支える弟」という関係性へと変化していったのです。


本書の中で「対話」の重要な概念である、哲学者のマルティン・ブーバーは、人間同士の関係性を大きく2つに分類しました。

ひとつは**「私とそれ」**の関係性であり、もうひとつは**「私とあなた」**の関係性です。

「私とそれ」は人間でありながら、向き合う相手を自分の**「道具」**のようにとらえる関係性のことです。例えば、私たちがレストランに行ったとき、「店員」さんに対して、一定の礼儀や機能を求めることはないでしょうか。

お金を払っているのだから、「店員」なのだから、要望を言えば、水なり料理なりを提供してくれる。そして、その人の年齢がいくつであれ、性別がなんであれ、「道具的な応答」を期待しています。

マルティン・ブーバーの「人間同士の関係性」の2分類

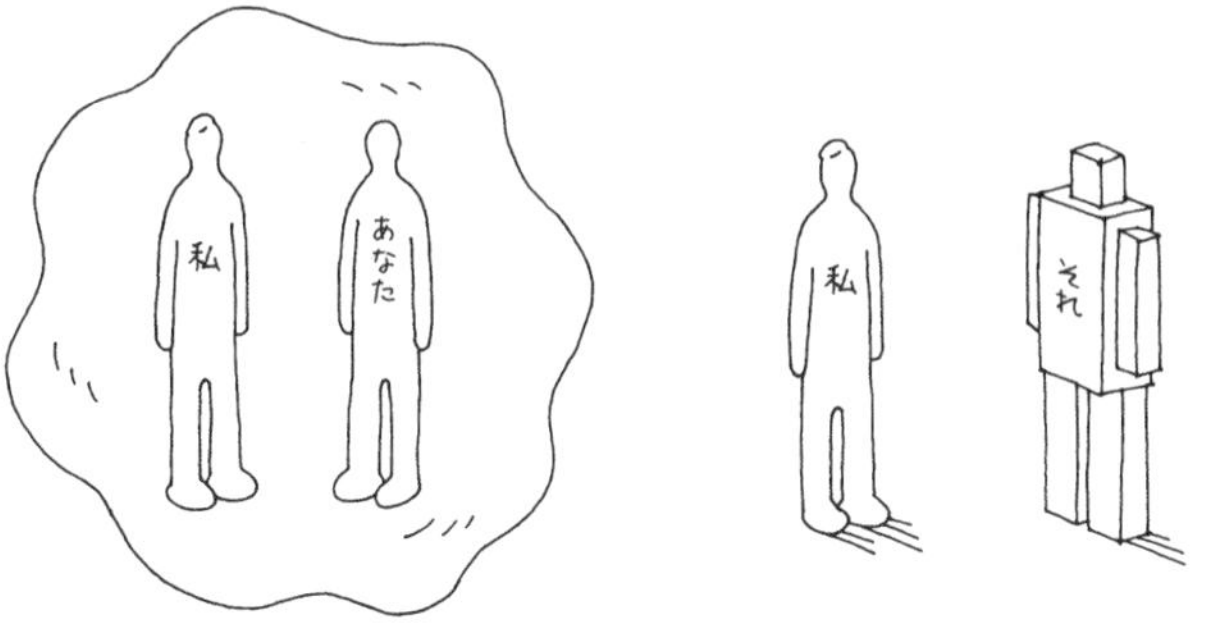

私とあなた
固有の関係

私とそれ
道具的な関係

ビジネスにおいて、このような関係はよくあることです。友達ではなく、仕事の関係なのですから、私情は抜きにして、立場や役割によって「道具」的に振る舞うことを要求する。人間性とは別のところで道具としての効率性を重視した関係を築くことで、スムーズな会社の運営や仕事の連携ができます。

逆に期待していた機能や役割をこなせなければ、信用をなくしたり、配置換えにあったり、解雇されたりします。これ自体は悪いことではありません。そのように私たちは社会を営んできました。これが、「私とそれ」の関係性です。

一方で、「私とあなた」の関係とは、相手の存在が代わりが利かないものであり、もう少し平たく言うと、相手が私であったかもしれない、と思えるような関係のことです。

例えば、上司と部下という関係はときに上下関係や対立を生み出すものです。しかし、優れたチーム、困難な問題に挑むチームは、上司と部下という公式的な関係を超えた、ひとつのまとまりとして動いているように見えるときがあるものです。そうした状態は、「私とそれ」の関係性から個々の違いを乗り越えて「私とあなた」の関係性へ移行したものとして捉えることができると思います。

対話とは、権限や立場と関係なく誰にでも、**自分の中に相手を見出すこと、相手の中に自分を見出すこと**で、双方向にお互いを受け入れ合っていくことを意味します。

少し面倒でナイーブな話に思えるでしょうか。しかしこの問題こそが、私たちが実際に直面している「適応課題」の困難さなのです。

一方的に解決できない4タイプの「適応課題」

ここで一度、適応課題について、掘り下げて考えたいと思います。

まず適応課題とは一体何でしょうか。ハイフェッツたちは、適応課題には4つの種類があると述べています。

適応課題の4タイプ

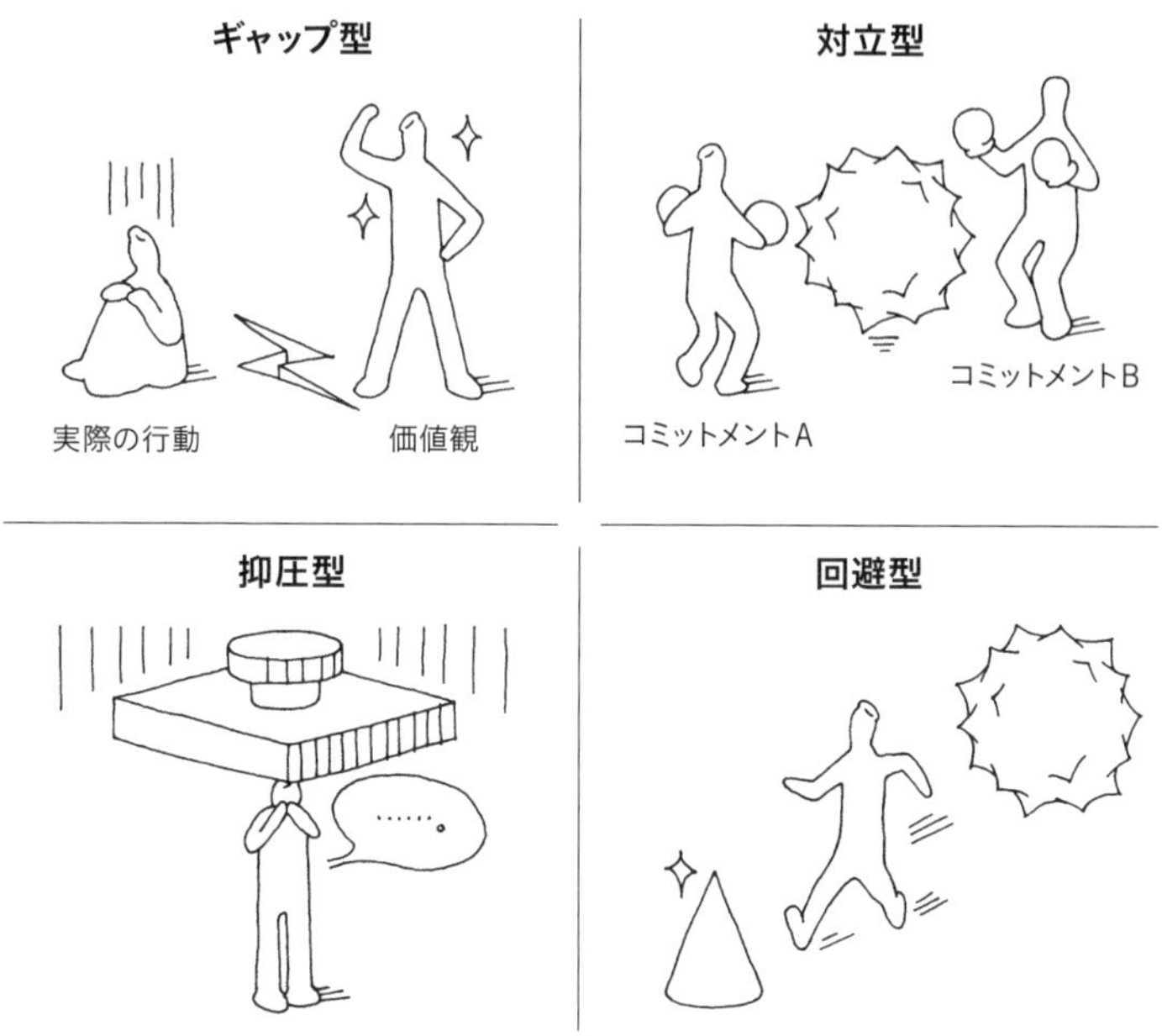

1つ目の「ギャップ型」は、大切にしている「価値観」と実際の「行動」にギャップが生じるケースです。

例えば、日本は女性の社会進出が著しく遅れていると言われて久しいですが、女性の社会進出が必要であることを反対する「価値観」の人は少ないでしょう。

しかし、足元では、ある時代までの男性にとっては都合のよかった男性中心の職場が形成されてしまっています。その仕組みが、短期的にはある部分で理にかなって機能してしまっているため、職場によっては、それを変えるような「行動」をとることがなかなか難しいのも事実でしょう。

これを変えようとするならば、男女の対等な社会参画という長期的なゴールのために、短期的な合理性をある程度犠牲にする必要が出てくるというギャップが生じています。実際にこのギャップを埋めるために行動を変えようとすることは、それなりに複雑で厄介な問題であると言えるでしょう。

言うなれば、**問題は（狭い意味で）合理的に発生します。**そうだとするならば、この合理性の根拠を変えるよう働きかけることに挑む必要が出てくるのです。

先の兄弟経営の例も、このギャップ型でしょう。相手を評価する仕事上の価値観と、跡継ぎとして尊重する際に取るべき行動にズレが生じていました。

2つ目の**「対立型」は、互いの「コミットメント」が対立するケース**です。

例えば、営業部門と法務部門の対立などはわかりやすいでしょう。営業部門は、短期業績の達成が大切なミッションです。一方、法務部門は契約に問題がないようにするということにコミットしています。

組織の中での深刻な対立は、どちらかが明確に正しくどちらかが明確に間違っているわけではなく、どちらもお互いの「合理性の根拠」に即して正しいことがすれ違ったために問題が生じます。合理性の根拠、つまり、枠組みの違いが対立を生むのであり、これをどう解消していくのかに挑む必要が出てきます。

3つ目の**「抑圧型」は、「言いにくいことを言わない」ケース**です。何かを言うことが難しい関係だったり、言ってしまうと厄介なことに巻き込まれて損をするようなことがあるために、抑圧された状態にあります。そうなると問題提起をすることが難しくなります。

組織の中で「ものを語れる」範囲が狭くなれば、当然、考える範囲も狭まります。このタイプの適応課題が、技術的問題として処理されやすいのは、まさにこうしたことに起因しています。

例えば、既存事業にあまり先行きがなさそうだとわかったけれども、撤退できないなどという場合はこれに当たるでしょう。撤退を言い出しにくいために、見通しが立たない事業にあれこれとテコ入れをし続けて現場はどんどん疲弊していきます。

組織の中で語れる範囲を広げていかなければ、適応課題に挑むことができません。

そして4つ目の**「回避型」は、痛みや恐れを伴う本質的な問題を回避するために、逃げたり別**

の行動にすり替えたりするケースです。

例えば、職場でメンタル疾患を抱える人が出てきたときに、ストレス耐性のトレーニングを施す、といったケースが典型的です。焼け石に水でも対策は打っているというエクスキューズになるからです。

多くの人はそれが個別の能力レベルで対処できる技術的問題ではなく、職場の仕事の仕方や事業そのものが根本的に抱えている問題に着手しなければならないことには、暗黙のうちに気がついていています。しかし、それに取り組むことが難しいので、問題をすり替えたり、責任を転嫁したりします。取り組むべき課題に向き合うことこそが重要になってくるのです。

これら4つのタイプに共通する点は、どれもが既存の技法や個人の技量だけで解決できない問題であり、もっと言えば、**人と人、組織と組織の「関係性」の中で生じている問題**だということです。

また、少し俯瞰してこれら4つを見てみると、大事なことに取り組んでいない・できないという共通点があるように見えます。

当事者からすると解決しなければいけない問題よりも、そもそも問題の立て方自体に問題があるということだと言えます。しかし、なぜ当事者が表に出てきている問題だけに注力するのかと言うと、それは既存の認識の枠組みによって、問題の立て方が制約されるからです。

例えば、先に挙げた営業と法務の対立で考えてみると、お互いにそれぞれの枠組みから自分の正当性を主張するのは、自分の枠組みからは相手の主張こそが問題に見えるからです。その結果、相手がなぜそのような「馬鹿げた主張」をするのかと考えるようになります。

しかし、一度自分の解釈の枠組みを保留してみて、相手がなぜそのように主張するのかを考えてみると、相手には相手なりに一理はあるということが見えてきます。「まあ、言いたいことはわかるな」という感じにはなるでしょう。

そうすると、相手が自分の主張を受け入れられるにはどうしたらよいか、という視点に立つことができるようになるでしょう。この一連の過程こそが対話であり、適応課題に向き合うということなのです。

経営危機に瀕したスターバックスの変革

こうした適応課題に挑んでいく対話に踏み出すためには、まずは、目の前で起きていることをすぐに解決しようとしてしまわず一度立ち止まって考える必要があります。

かつて経営危機を経験した際のスターバックスの変革の例を考えてみましょう。中興の祖ハワード・シュルツが、上場以来、初の赤字転落という2008年の経営危機の際に行ったことは、顧客との関係を再構築する対話的な取り組みであったと言えます。しかし、ここに至るためには、一度立ち止まる対話の準備段階がありました。

1992年に上場をして以来、スターバックスコーヒーは15年間で約100倍という目覚ましいスピードで成長してきました。しかし、上場によって株主価値の最大化が求められる中で、スターバックスを利用することで得られる独特な「スターバックス・エクスペリエンス」の低下が起きていきました。

例えば、エスプレッソを効率的に淹れるために導入したマシンは、背が高く、客からキッチンのバリスタの顔を見ることができなくなりました。また、効率化のためにコーヒー豆をその場で挽くのではなく、挽いた豆を袋詰めにして店舗で開封する方式へと変更をした結果、コーヒーの香りが大きく失われました。

さらに売上向上を図るために導入したホットサンドイッチは、チーズの匂いを店舗に充満させることになり、これも、スターバックスならではの雰囲気を大きく損なうことにつながりました。

こうした数々の売上向上のための施策の展開を通じて、徐々に顧客が利益のための道具として捉えられるようになっていったのかもしれません。もちろん、こうなることを意識していたとは思えません。株式上場で現れた株主という新たなステークホルダーとよい関係を構築するために頑張っていたら、意図しないところで「私とそれ」の関係を顧客との間に築いてしまっていたということでしょう。

しかし、その代償はとても大きなものでした。マクドナルドが1ドルでエスプレッソを提供するキャンペーンで大攻勢をしかけてきたときに、顧客の離反が生じ、赤字へと転落していったのです。様々な売上向上策も功を奏しませんでした。

なぜならば、顧客にはもはや独特な経験を提供してくれる場所でなくなったスターバックスに、わざわざ（マクドナルドよりも高いお金を支払って）行く理由がなくなってしまっていたからです。

シュルツは、この状況に直面して、一度立ち止まりました。

何よりもまず、自分も含めた経営陣が、株主価値の向上のために、短期的な経営施策に走ってしまっていたことに目を向け、シュルツ自身もそうした問題を作り出すことに加担してしまっていた一員であったということを受け入れるところから始めたのです。

これを受け入れるまでの葛藤は、相当なものだったと想像できます。自分がよかれと思ってやってきたことが、いつの間にかよくない結果をもたらしていたことを受け入れるというのは楽なことではないでしょう。

しかし、立ち止まることで打てる手段が色々あることが見えてきました。その入り口になったのは、本来スターバックスが何を大切にするべきだったのか、という点です。そこから何を変えるべきかということをしっかりと考え直し、改革に着手しました。

スターバックスが大切にすべきだったのは、顧客もそこで働く従業員も、集う人々が独特な空間で得られる特別な経験であったはずです。いつの間にか変化してしまっていた顧客との関係をもう一度、構築することがシュルツの行った改革の核心であったと言えます。

これは顧客と対話をしたのだと言えるでしょう。いつの間にか「私とそれ」の関係になっていた顧客との関係を見直し、もう一度、自分が顧客だったらどう思うだろうか、というところから自分たちの会社を見直しました。

エスプレッソマシンも背の高いものではなく、バリスタの顔がちゃんと見えるものに変更する決断をしました。この研修のために、全店を一時的に閉鎖するという大胆な決断を下したのは有名です。スターバックス・エクスペリエンスを低下させた様々な取り組みも見直すことにしました。

こうすることで、気がつけば一方的な「私とそれ」になっていた顧客との関係性を「私とあなた」の関係性へと少しずつ近づけていくことができたのです。

しかし、こうした大改革という適応課題に挑むにあたり、シュルツがまず立ち止まったことが、自分や会社の置かれている状況をよく観察し、顧客との対話的関係性の再構築へと歩み出す上で不可欠なものでした。

これは先の適応課題の4つのパターンで言えば、売上が伸び悩んだ際に技術的に解決しようとした「回避型」であり、古くからの現場マネジャーは違和感を感じながらも言い出せない「抑圧型」であり、もしかしたら、カスタマー・エクスペリエンスが大事だという価値観を持ちながらも成長を優先し続けた「ギャップ型」であるとも言えそうです。

このように適応課題は、組織内の関係性の中で、複雑に絡み合いながら大きくなっていきます。

誰しもが持つ「ナラティヴ」とは何か

社会で働く中で、私たちは気がつかないうちに「私とそれ」の関係性を相手との間に構築していることがよくあります。うまくいっているならば、無理にそれを変える必要はありません。しかし、そこから何か想定外の問題が生じたときなど、適応課題が見出されたとき、私たちはその関係性を改める必要が生じていると考えることができるでしょう。

その一歩目として、相手を変えるのではなく、こちら側が少し変わる必要があります。そうでないと、そもそも背後にある問題に気がつけず、新しい関係性を構築できないからです。

しかし、「こちら側」の何が変わる必要があるのでしょうか。

それはナラティヴです。**「ナラティヴ（narrative）」とは物語、つまりその語りを生み出す「解釈の枠組み」のこと**です。物語といっても、いわゆる起承転結のストーリーとは少し違います。

ナラティヴは、私たちがビジネスをする上では、「専門性」や「職業倫理」、「組織文化」などに基づいた解釈が典型的かもしれません。

いくつか例を挙げてみましょう。上司と部下の関係では、上司は部下を指導し、評価することが求められる中で、部下にも従順さを求めるナラティヴの中で生きていることが多いでしょう。

ナラティヴ

立場・役割・専門性などによって生まれる「解釈の枠組み」

また部下は部下で、上司にリーダーシップや責任を求め、その解釈に沿わない言動をすると腹を立てたりします。つまり互いに「上司たるもの／部下であるならば、こういう存在であるはず」という暗黙的な解釈の枠組みをもっているはずです。

さらに医者と患者の関係性であれば、医者は人命を預かった上で、患者を診断する対象としてのナラティヴで解釈します。患者は患者で、自身の身体の問題を正しく治療してくれる「先生」として解釈するでしょう。ナラティヴは個人の性格を問わず、仕事上の役割に対して、世の中で一般的に求められている職業規範や、その組織特有の文化の中で作られた解釈の枠組みから生じるものです。

「リストラ」という言葉を考えるとわかりやすいのですが、日本でリストラと言えば、「雇用を守る責任を果たせなかった」という語られ方をよくします。そもそもリストラは、リストラクチャリング（restructuring）の略語で、企業の事業構造を「再構築」するという意味です。

アメリカの場合だと、リストラに対して日本のような厳しい批判ばかりでなく、戦略的な経営判断として受け止められます。なぜなら、リストラは経営を立て直す再構築の全体戦略のうちの一つに過ぎず、主眼は雇用問題ではなく経営状況の回復であるというナラティヴがあるからです。

ポイントは、どちらかのナラティヴが正しいということではなく、それぞれの立場におけるナラティヴがあるということです。つまり、ナラティヴとは、視点の違いにとどまらず、その人たちが置かれている環境における**「一般常識」**のようなものなのです。

こちら側のナラティヴに立って相手を見ていると、相手が間違って見えることがあると思います。しかし、相手のナラティヴからすれば、こちらが間違って見えている、ということもありえるのです。こちらのナラティヴとあちらのナラティヴに溝があることを見つけて、言わば「溝に橋を架けていくこと」が対話なのです。

そもそも溝に気づくこと自体、簡単ではありませんし、スターバックスのシュルツのように葛藤の中で見出すことも多くあります。しかし、他者との関係性の間に生じたナラティヴの溝に向き合うことで、人や組織を動かすことができるのです。

語りと物語とナラティヴ・アプローチ

この本で取り扱う、対話や適応課題への取り組みは、医療や臨床心理の領域で研究・実践されてきた「ナラティヴ・アプローチ」という思想・方法に基づいて書かれています。

ナラティヴ（narrative）というと、日本語では「語り」と訳されますので、どう言語的にコミュニケーションをするか、ということを扱っているものだと理解されがちです。しかし、本来のナラティヴには、2つの意味があります。

ひとつは、語る行為である「語り」としてのナラティヴ、もうひとつは、その語りを生み出す世界観、解釈の枠組みとしての「物語」です。この本では、主に後者の物語をナラティヴと呼んでいます。

私たちが何かを語るときは、気づかないうちに何らかの語らんとする物語に即して語っています。たとえそれが沈黙であったとしても、何も語らない、ということで何かを語っています。

ナラティヴ・アプローチは、相手の物語の硬直性を変えるような介入の方法もありますが、むしろ、こちら側がいかに硬直した物語で相手を見ているのか、こちら側の物語を変えることで、よりよい実践を生み出していくことが中心に考えられてきました。

そうしたことが考えられるようになった背景には、様々な技術を尽くしても解決することができない臨床医療の場における専門性の限界に、医師や看護師、カウンセラーなど、専門家たちが直面したことがあります。

これを少し違った言い方をするならば、目の前の問題が技術的に解決が難しいときには適応課題があります。その適応課題に挑む上では、相手の物語をよく知らなければならないし、そのためには、こちらが相手をどのような存在として見るのか、こちらの物語をまず変えていかなければならない、ということです。

特に、専門家としての物語に生きていると、相手を自分の仕事を行う対象、道具として捉えやすくなります。その関係を変えていくことで、適応課題を解消していくことができるようになるのです。

したがって、ナラティヴ・アプローチは、ナラティヴという言葉から連想されるように「どう相手に話をするか」ということよりも、むしろ、「どう相手を捉える私の物語を対話に向けていくか」を主軸にしたものと言えます。

そして、これを一歩引いて見てみると、適応課題に直面してお手上げに思えたときも、実は自分の側から対話をしていくことによって、色々な道を切り開ける可能性があるということを意味していると言えるでしょう。

対話、適応課題、そして、ナラティヴ・アプローチは、このような関係で繋がっているのです。

［第2章］

ナラティヴの溝を渡るための4つのプロセス

前の章で、「対話」とは、一方的な技術だけでは歯が立たない「適応課題」を解消していくための方法であり、「新しい関係性を築くこと」であるとお伝えしました。対話に取り組むことによってこそ、互いの「ナラティヴ」の溝に向き合いながら、お手上げに思えるような厄介な状況も乗り越えていくことができるのです。

この章では、実際にどのように対話をすればいいのか、対話のプロセスについてお伝えしていきます。

「溝に橋を架ける」ための4つのプロセス

対話のプロセスは「溝に橋を架ける」という行為になぞらえることができます。

仮に組織の中の異なる部門の代表同士が対話すると考えると、それぞれの部門ごとのナラティヴが互いの足場のようなもので、両者の間には溝があります。このナラティヴの溝（適応課題）に橋（新しい関係性）を築く行為が、対話を実践していくことなのです。

ハイフェッツたちは、適応課題に挑んでいくために、**「観察−解釈−介入」**のプロセスを回すことが大切だ、と述べました。しかし、私は日本の組織文化の現状を踏まえ、もうひとつ、観察の前に「準備」の段階をつけ加え、ハイフェッツたちの考え方よりも、もう少し取り組みやすいものにする必要があると考え、その点を修正してあります。

この「溝に橋を架ける」ためのプロセスを、大きく4つに分けることができます。

1. 準備「溝に気づく」
相手と自分のナラティヴに溝（適応課題）があることに気づく

2. 観察「溝の向こうを眺める」
相手の言動や状況を見聞きし、溝の位置や相手のナラティヴを探る

3. 解釈「溝を渡り橋を設計する」
溝を飛び越えて、橋が架けられそうな場所や架け方を探る

4. 介入「溝に橋を架ける」
実際に行動することで、橋（新しい関係性）を築く

よりイメージしやすいように、図説していきます。

対話のプロセス― 準備「溝に気づく」

まず、色々な手段を実行しようとしても、相手が言うことを聞いてくれない、なかなか動いてくれない、話が通じない場面に直面した場合、一旦、自分のナラティヴを脇においてみる対話の**「準備」**が大事です。どうしても自分のナラティヴ、つまり専門性や職業倫理などの枠組みで、問題や相手を見ている間は、冷静に状況を把握することができないものです。

一度、引いた目で周りを見渡してみて初めて、わかりあえない人々との間に、大きな溝があることに気づくのです。

自分のナラティヴを脇に置き、相手との間の溝に気づき始めたときが、「私とそれ」の関係から、「私とあなた」という固有の関係に少し変化をした瞬間です。自身のナラティヴに囚われていたときには気づかなかった、相手ならではの事情や状況、つまりナラティヴが少しだけ姿を現すはずです。

価値観と行動の「ギャップ型」にせよ、無意識に問題をやりすごす「回避型」にせよ、適応課題である溝は、気づきづらく、認めづらいもの。しっかりと、溝に向き合わなければ、次の段階に進めないことがよくあるのです。

準備「溝に気づく」

❶

自分から見える景色を疑う

技術的なアプローチが
うまくいかないことに気づく

❷

あたりを見回す

自分のナラティヴを
一度脇に置いてみる

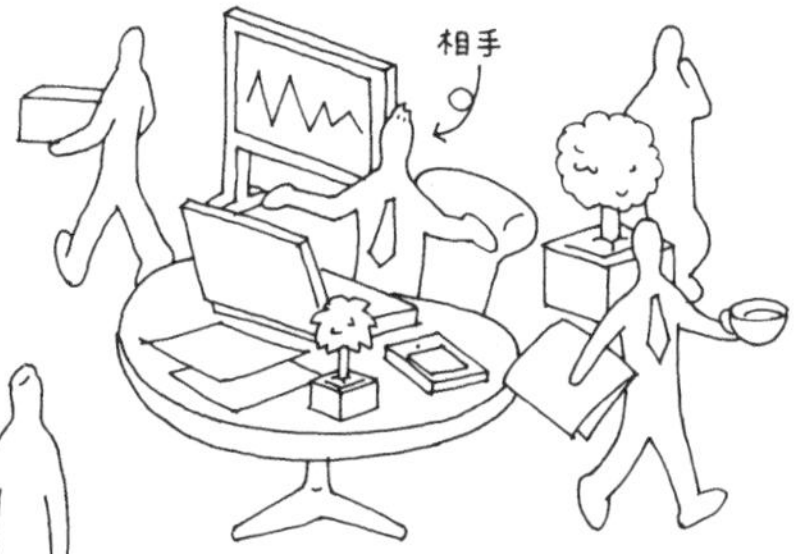

❸

溝があることに気づく

関係性が「適応課題」を
生み出していることを認める

対話のプロセス2．観察「溝の向こうを眺める」

準備段階で、自分と相手のナラティヴには隔たりがあることがわかりました。向こう岸にいる相手が、一体どんな環境、職業倫理などの枠組みの中で生きているのか、そのナラティヴをよく知ろうとするのが次の段階です。

じっくりと相手や相手の周囲を**「観察」**してみましょう。相手にはどんなプレッシャーがかかっているか、相手にはどんな責任があるか、相手にはどんな仕事上の関心があるか、それはなぜか、など、いくつもの気づきが得られると思います。

適応課題が生じるのは、生じるなりの理由があります。その理由がわかってくると、こちら側でもどのように相手にアプローチしていくことができるか、その手がかりになるものがきっと見えてくるはずです。

つまり観察とは、こちら側がどのように働きかけることができるか、そのリソースを掘り起こす作業なのです。この段階をじっくり取り組んでおくと、次の解釈・介入のフェーズでの取り組みがかなり広がります。

観察「溝の向こうを眺める」

❶
相手との溝に向き合う
適応課題に
取り組むことを決める

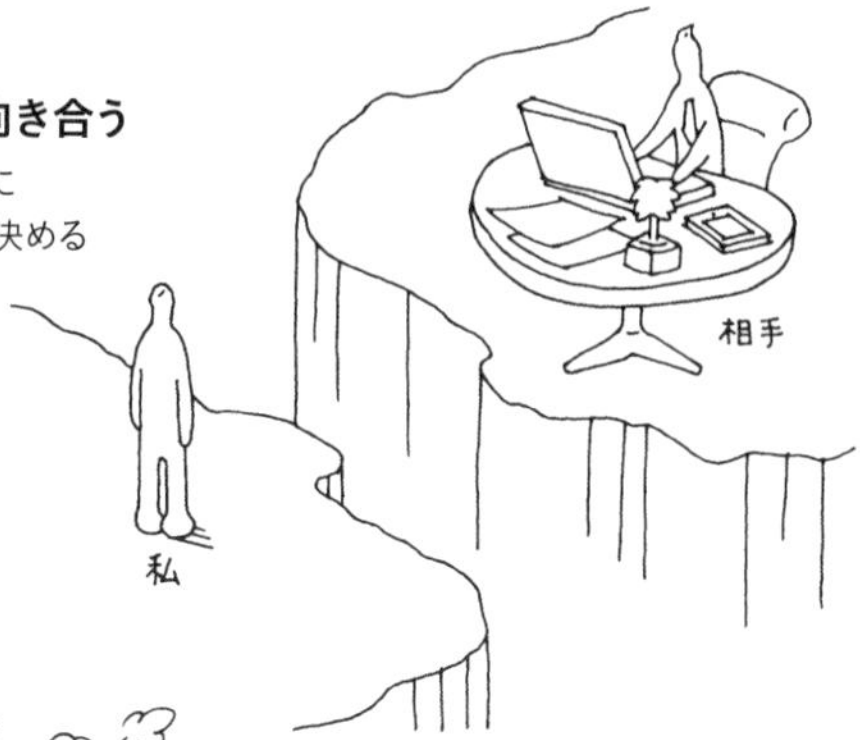

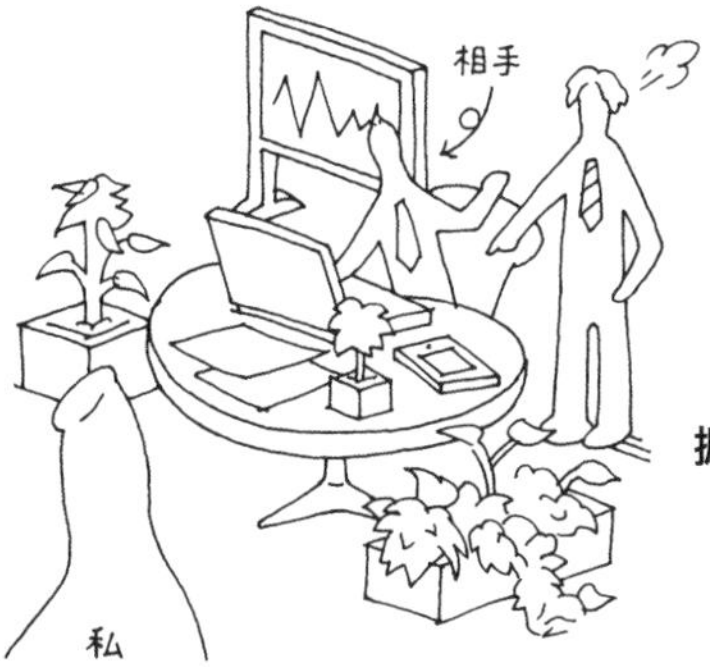

❷
対岸の相手の振る舞いをよく見る
相手の言動を
観察する

❸
相手を取り巻く対岸の状況をよく見る
相手のナラティヴを
観察する

観察することで、相手のナラティヴを把握できれば、自分の言っていること、やろうとしていることが、相手にとって意味のあるものとして受け入れられるために必要なポイントが見えてくるはずです。

対話のプロセス3．解釈「溝を渡り橋を設計する」

「解釈」の段階は、橋を架けるために、どこにどんな橋を架けるべきか、設計をします。

そのために、相手のナラティヴの形やその中の様子が見えてきたら、一度、相手のナラティヴを解釈してみましょう。つまり相手のナラティヴの中に飛び移って、相手がどんな状況で仕事をしているのかをシミュレートするのです。そこから、自分が言っていることや、やっていることがどんな風に見えるかをよく眺めてみるのです。

相手のナラティヴから自分を見てみると、どこなら橋を架けられる場所があるか、相手に対してどんな橋を架けたらいいかがハッキリとしてきます。意外な発見や道筋が見えてくるかもしれません。

解釈「溝を渡り橋を設計する」

❶

溝を越え、対岸に渡る

相手のナラティヴを
シミュレーションする

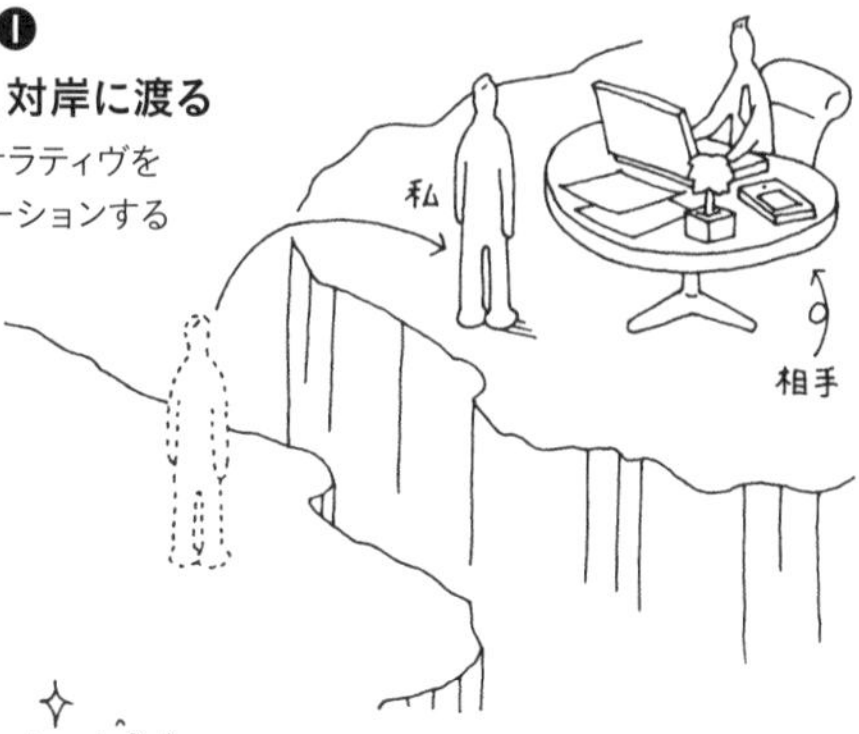

❷

対岸からこちらの岸をよく見る

相手のナラティヴに基づいて
自分がどう見えるかを
眺める

❸

橋を架けるポイントを探して設計する

「新しい関係性」を
作る方法を構想する

対話のプロセス4．介入「溝に橋を架ける」

実際に行動をすることで、橋（新しい関係性）を築くのが、**「介入」**の段階です。

今まで相手のことをよく調べて、考えてきましたので、ここでは具体的に行動に移してみましょう。

ここぞというタイミングを狙って、行動してみましょう。せっかく今まで向こう岸を一生懸命探って考えてきたのに、行動しなければ何も変わりません。それに、もうこの段階ならば、うまくいきそうだというポイントも見えてきつつあるはずです。

実際に行動してみて、うまく橋が架かることもあれば、架からないこともあります。自分の架けた橋の具合を冷静に見てみて、本当に架かっているか、ぐらついているところはないかなどをチェックするのがとても大事です。

もしうまくいっていない箇所が見つかったら、もう一度、観察のステップに戻って、じっくり相手のナラティヴを観察してみましょう。これを繰り返すうちに、徐々に頑丈な橋が架かるようになるはずです。

介入「溝に橋を架ける」

❶

橋を架ける

実際に行動を起こして、
新しい関係性を築く

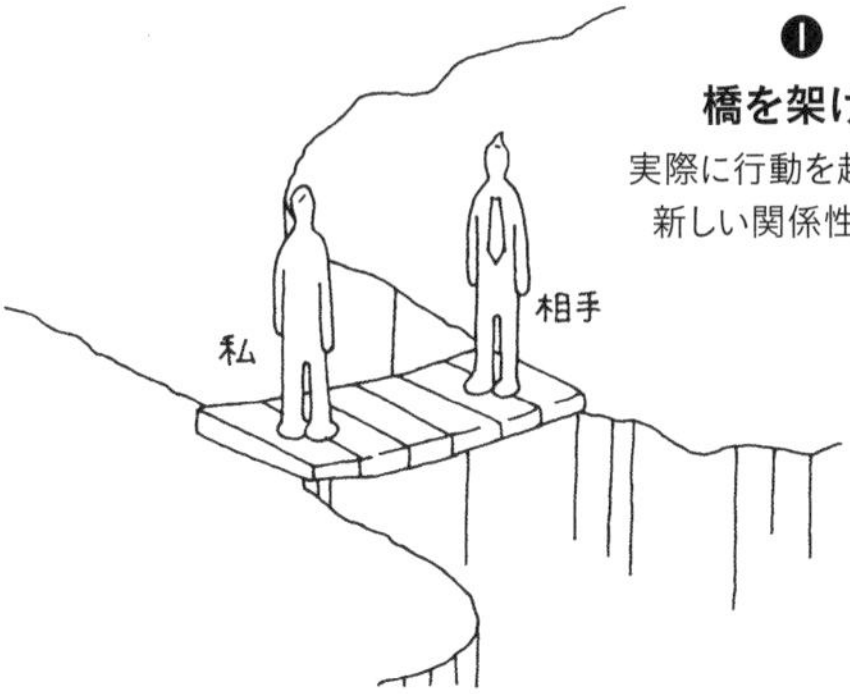

❷

橋を往復して
検証する

新しい関係性を通して、
さらに観察をする

観察「溝を眺める」から繰り返す

橋を補強したり、
新しい橋を架ける

さらに観察-解釈-介入をして、
新しい関係性を更新する

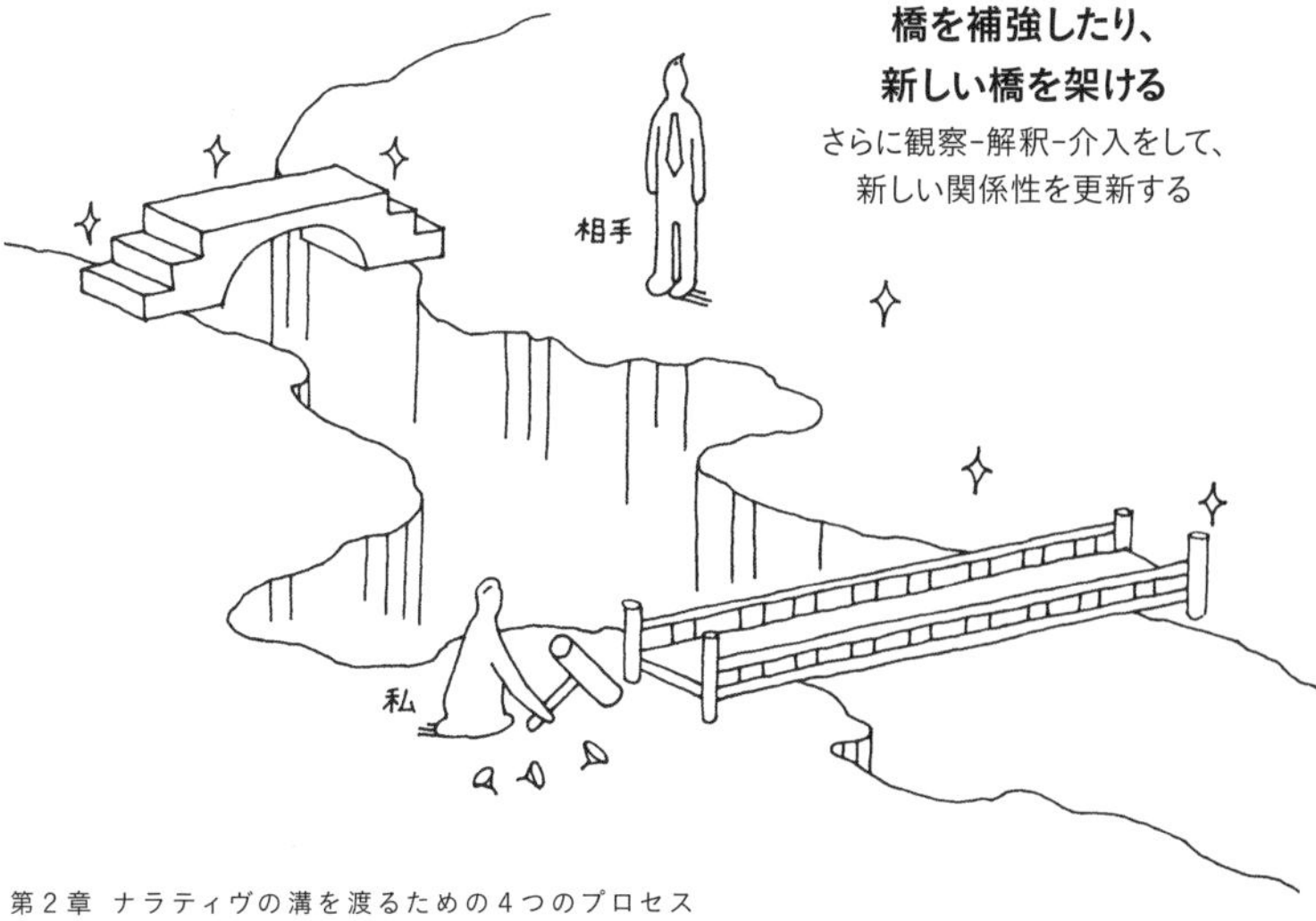

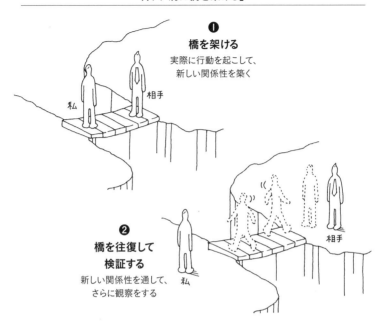

「上司が無能だからＭＢＡに来た」というナラティヴ

「溝に橋を架ける」というメタファーでこれまで対話についてお話をしてきました。イメージは摑めたでしょうか。

この準備―観察―解釈―介入の４つのプロセスについて、ポイントがあります。

それは、準備の段階がとても重要だということです。

先の章で見た、兄弟の経営者の例で考えると、相手をこちら側の基準で評価するナラティヴをそのまま持ち続けていたら、お互いに支え合う関係になることはできなかったはずです。

また、スターバックスの改革の例であれば、シュルツがもしも、売上が落ちてきているということを見て、それまでと同じように短期的な売上向上策を講じていたら、今のスターバックスの姿はなかったでしょう。そこで大切だったのは、納得ができない出来事があったとしても、まず対話の準備段階として、今の自分のナラティヴで解釈することを一度保留してみることです。

しかし、目の前で起きていることに腹を立てたりしているときは、なかなかその溝の存在を受け入れられないということもあります。

それでも一度、自分のナラティヴを脇に置いてみることが必要です。そうでないと相手のナラティヴは見えてこないのですから。もちろん自分のナラティヴを捨てる必要はありません。大切なものです。あくまでもまずは一度、脇に置いてみるイメージです。

そして、何か自分が今まで経験してきたこととは違うことが起きているかもしれない、何かわかっていないことがあるかもしれないという現実を少し受け入れてみること、これが対話の準備段階としてとても大切なことです。

この準備段階を乗り越えることができると、しっかりと相手を観察できるようになります。

私は10年ほど前、MBAプログラムで教えていたことがあり、そのときの経験は、よくこの現象を表しています。

講義の最初にワークショップをやるのですが、そのときに必ず聞いたのは「なぜあなたはMBAに来たのですか」という質問でした。

そのときに、何人かの若い会社員の方から出てきた入学理由で驚いたものは、色々な表現をとりながらも、「上司が無能だからMBAを取りに来た」というものでした。最初、私はこの意味がよくわかりませんでした。上司が馬鹿だと、どうしてMBAという学位が必要なのか、その論理が理解できなかったからです。

それでもう少し聞いてみると、「上司は自分の考えていることをいつもよくわからない理屈にもならないような論理で、平気で潰してくる。このことがずっと繰り返されていて、とても腹が立って我慢ならない。自分はその上司よりも遥かに有能で、ものがわかっていることをMBAを取得することで見せつけてやりたい。そして、上司にこちらの言っていることの正しさをわからせてやりたい」というような意味であることがわかりました。

もちろん、全員ではなくて、一部の人たちがそうだったというだけです。しかし、これにはとても驚きました。

上司は、自分の考えを通すための道具であり、それが道具として適切に機能していないから、自分のジャマをする存在と捉えてやっつけてやろう、という非常に激しい感情を背後に感じたからです。

しかし、仮にMBAを取れたとしても、それで上司を論破して、説得あるいは、排斥することができるでしょうか。できたとしても、彼は社内に面倒な敵を増やし新たな適応課題を生むことになるでしょう。

確かに、色々と腹の立つこともあるし、嫌なこともたくさんあるのだと思いますが、一度、それをちょっと脇に置いてみないと、相手がなぜそういうことを語ったり、行ったりしているのかを眺めてみる段階に移れません。

眺めてみて、どうやって相手のナラティヴとの間に橋を架けていくのか、ということに取り組まなければ、何も進まないことははっきりしています。自分の描く理想状態とギャップが歯がゆいのはわかりますが、現実の中で一歩目を踏み出すことが、そのギャップを埋めるためにとても大切なのです。

つまり、**一度ナラティヴを脇に置いてみることとは、実践的な取り組みの第一歩なのです。**

脇に置いてみることは、同時に、相手のナラティヴと自分のナラティヴの間に溝があることを認めるということを意味してもいます。つまり、自分のナラティヴを今までは疑うことなく生きてきたけれど、それとは違うナラティヴがあるかもしれない、という可能性をここでは一度受け入れ、相手にも相手なりに何か事情があるのかな、見えている景色が違うのかな、と想像してみることです。

こうすると、対話の準備が整います。これが、対話の準備段階です。

よい観察は発見の連続である

準備段階を終えると、次は**「観察」**の段階に入ります。

この段階では、ナラティヴの溝、適応課題が一体どういう事情で発生しているのかをよく見定めていくことがメインの取り組みとなります。

例えば、対立する関係性になりやすい開発部と営業部の2つの部署間を考えてみましょう。開発部は、自分たちの開発した製品や技術要件を営業部が正しく理解せず、その結果、十分に顧客に価値を訴求してくれていないし、狙っている市場へのリーチもできていない、と考えています。

一方、営業部からすると、リリースされた新しい製品が、顧客に対してどういう価値があるのか、訴求点があるのかはなんとなくわかってはいます。しかし、既存製品の売上の見込みのほうが立ちやすいため、なかなか顧客の開拓に手をつけられないという状況にあります。

あなたが開発部の人間であると仮定して話を進めていきましょう。営業部の不誠実さに最初は腹が立つこともあるかもしれません。そして、「営業部はこの製品をよくわかっていない」と、「説明」をして「説得」を試みるということに取り組むかもしれません。これは、相手に製品の情報が不足しているので、それを提供しようとする、技術的問題への解決行動であると言えます。しかし、それをやってもうまくいかないとするならば、これは適応課題が潜んでいることが窺えます。

だとしたら、ひとまず自分のナラティヴを脇に置いて準備をした上で、営業部がどうして本腰を入れて売ってくれないのかを観察してみることがよい方法です。

まず開発部の自分は、営業部のナラティヴを知ることが大切になってきます。何が営業部にとって大事なことで、困ることや、恐れていることはなんなのか、それをよく観察するのです。

そのためにはいくつもやり方があるでしょう。営業部で働いている同期と食事をしてみて、フラットに意見を聞いてみる、という方法もあると思います。あるいは、営業部の仕事が今どういう状況になっているのかを数値的なデータや、扱っている他の製品などを眺めてみて考える、なども必要かもしれません。

場合によっては、部長や役員クラスの人の話を聞いて、どういう営業方針で動いているのかを探ることも大切です。また、営業部の人にはどういうプレッシャーがかかっていたり、どういう苦労があるのかを探ることも有益でしょう。

そうすると、例えば、「どうも営業部門は既存商品との違いがいまいち摑めておらず、結局慣れた既存商品を売らざるをえない」、「一方で既存製品に強力な競合製品が現れ、売上の維持に今まで以上に労力を割く必要がある」など、色々なことが見えてきました。

また、探っていく中で、「新しく就任した営業統括の執行役員は、今までの営業のやり方を改革したがっているが、なかなかうまくいっていない」、「マーケティング部は、営業が今ひとつ動いてくれないという開発部と類似の問題を感じている」なども見えてきました。

さらに、顧客になりそうな人と話をしてみたところ、既存の製品との違いがやはりわかりづらいということ、しかし、どうもこの製品を使えば、顧客の困りごとはうまく解決できそうだ、ということも改めてわかりました。

これらの観察から発見できたことを少し俯瞰してみるとどうなるでしょうか。うまくいかないことの背後には、ナラティヴの溝があったのだ、ということが第一の発見です。

自分たち開発部のナラティヴと、営業部のナラティヴは全然違っていて、そのナラティヴの溝があることによって、自分たちの取り組みがうまくいっていなかったということがわかります。

第二の発見は、溝の向こう側をよく観察すると、まったく見えていなかった相手のナラティヴが展開していて、どうもこれらとの間に橋を架けられれば、うまく相手も自分たちも双方が生きる、よい状態を作ることができそうだ、ということです。

第三の発見は、ナラティヴの溝を見つけることができると、橋を架けるために必要なリソースが、組織の中にはいくつも転がっていることが見えてきます。先方の役員やマーケティング部が感じていることは、どうやら自分たちの部署が営業部に橋を架けていく上で、よい材料になりそうです。

第四の発見は、どうも自分は自分の生きているナラティヴに気がつかないうちに囚われていて、「私とそれ」の関係に完全に陥っていたし、相手の痛みなどを理解せずに相手に変化を求めていたのではないかということです。**自分は安全なところにいて、相手にリスクをとらせるといういびつな関係になっていた可能性**がここからわかります。

観察することは、それなりにリスクを伴いますが、そうしたことに踏み込むと、適応課題を乗り越えていくために、こちら側でできる余地がありそうだとわかりますし、社内のリソースもあることも見えてきます。また、観察のプロセスで、自分の味方になってくれる人や、アドバイスをくれる協力者、情報を提供してくれる人をうまく見つけることができれば、大変によいことです。

逆に、そうした協力者にたどり着けないと観察がうまくいきません。協力者にたどり着けないということは、どこかでまだ自分が、既存のナラティヴに囚われすぎている可能性があります。

その場合は、準備段階が足りていないことを表しています。

焦りや不安、怒りなどが伴っていることが準備を阻害していることもありえます。それらの感情はとても大切なものですから、むしろ、それら**マイナスの感情がなぜ芽生えているのかについてもう一度考えてみて、その上で、観察に取り組んでみること**が大切でしょう。

よい解釈には「相棒」を求めよ

観察ができたならば、次は解釈の段階です。

解釈の段階では、観察をして得られた情報が、一体何を意味しているのかを考え、具体的に介入する上で、どのような取り組みが必要なのかをはっきりさせていくことができます。

もう一度、先の開発部と営業部の例で考えてみましょう。観察をしたことで、営業部はどうも自分たちの開発した製品を扱うのに、とても苦労していることがわかりました。

その背後には、既存製品との差異が営業からすると顧客に説明しにくいこと、加えて、既存製品に強い競合が現れて時間が限られていることがわかってきました。また一方で、潜在顧客はそれなりにいそうだという手応えもあります。

さらに、今までは自分たちの開発したものは（自分たちのナラティヴの中では）よいものだから、売らないことがおかしいと思っていたわけですが、営業部は営業部なりに売りにくい理由があったことがわかってきました。

相手の営業部の状況にとっては、こちらがよいと思っていた製品は、あまり意味があるものに見えないどころか、厄介なものでしかなかったのです。これはショックですが、仕方ありません。そうであれば、**相手のナラティヴにおいても意味があるようにするにはどうしたらよいのかを考える必要があり、これこそが解釈なのです。**

これらのことを解釈してみると、営業部の困っていることに対して、この製品がどのように役に立つのかをもっと考え直す必要がある、ということがひとつハッキリと見えてきます。

例えば、営業の人たちはとても忙しいので、限られた時間の中でも説明できる訴求点が何かをマーケティング部と一緒に整理してみる、ということは有効でしょう。

また、営業に行っても効果があるかどうかわからなければ、当然後回しになってしまうので、これが顧客の潜在的なニーズに合致するものだということを、重要なアカウントの顧客から言ってもらう場を設定する、なども手でしょう。

さらに、営業担当の役員からすると、現在の営業部の状況は必ずしもよいと思っていないので、彼の困りごとを整理してみて、自分たちの製品がその改革のために有用であるためにはどうしたらいいのかを考えてみることもよいでしょう。

なにより、今までは「わかっていない」という思いで、「説明」、「説得」を繰り返しても動かないどころか、反発を強めて余計に力を割いてくれなくなるのは、どうもこれらの事情があるからだということがわかってきました。

同じように相手が反発しないためには、単に説明をするのではなく、何かもっとよい仕掛けが必要だとも言えます。例えば、潜在顧客を招待した小さなイベントを営業や開発、マーケティングの人間も参加するような形で実施する、などというのもよい方法かもしれません。もちろん、事前に営業部やマーケティング部の人たちとそれに対して作戦会議をすることもよいでしょう。

興味深いのは、そうした**解釈の取り組みを一緒にしていると、段々とお互いに言っていることの真意がつかめてくることです。**接点を増やして、お互いのナラティヴを相互に理解するという意味でも、一緒の作業をするというのは悪くありません。

このように、観察を重ねた結果わかってきたことを元に、なぜそれが起きているのか、それを乗り越えていくためにはどうしたらよいかを考え、作戦を立てていくのが、この解釈のフェーズです。

ここまでの解釈の流れをまとめてみましょう。

1. 観察でわかってきたことを眺めて、そこから相手のナラティヴを自分なりに構成してみる
2. 相手のナラティヴの中に立ってみて自分を眺めると、どう見えるかを知る
3. ナラティヴの溝に架橋できるポイントを、協力者などのリソースを交えて考える

1つ目は、解釈のフェーズで大事なことは、まず観察された事実をしっかり眺めることです。そこから相手のナラティヴがどういうものかを探り、考えていきます。そうすると、何が溝になっていたのかがよくわかってきます。

ところで、あえてこれまでも**「眺める」**という言葉を使ってきたのは理由があります。よくわかってきたことを振り返って考える際に、**「見つめる」**という言葉を使うことがありますが、私はあえて見つめるという言葉は使っていません。

なぜかというと、見つめるという言葉は、一点をじっくり見るという意味で、その点がどうして生じているのか、周りのコンテクストを見えにくくさせる行為だからです。

そして、もうひとつは、見つめる作業には、1人でやるという印象が伴います。1人でそうしたことに取り組むと、孤立感などから見るべきものを見る作業がなかなか難しくなってしまうことがあります。そうすると、手をつけなければならないこと、やるべきことに着手することができず、結果的には、よい観察も解釈もできなくなってしまうかもしれません。

なるべく、この**解釈のプロセスは、信頼のおける仲間や相棒と一緒にやるとよいでしょう。さらに最低限、自分の頭の中だけで考えず、一度書き出すなどして、客観的に眺められるようにしてください。**そして、わかったことがどういうことかを考えたり、観察で不足していたことが何かを考えて、もう一度観察のプロセスに立ち返ってみたりできると、とてもよい解釈の段階になるでしょう。

2つ目は、相手のナラティヴの中から自分を眺めてみることです。そうすると、なぜ自分の説明や説得が相手に届いていなかったのかよくわかるでしょう。そして、相手が今抱えている状況を踏まえて、どう自分がやろうとしていることを相手にとって意味あるものにできるかを考える上でとても大切なフェーズです。

3つ目は、相手のナラティヴの中に立って見えてきたことを踏まえて、周りの協力者やリソースと連携しながら、橋を架けられるポイントやデザインを探ります。

先の開発部と営業部の例で考えるならば、営業部が今困っていることに対して、自分たちの製品が意味あるものとして相手に受け取ってもらえるためには、どういう工夫をしたらよいか、改良をしたらよいか、などを考えてみるということです。

その際に、観察のフェーズがしっかりできていれば、様々な協力者やリソースがあることも見えてきているはずですので、それを生かしながら、橋を架けられる場所やデザインを構想してみましょう。

曖昧な問題をいかに明確な問題に捉え直すか

解釈と介入の段階でポイントがあります。

準備と観察を重ねれば、橋を架けていくための様々なリソースが見つかってきているはずです。そこで、解釈の段階にはいって、橋の設計をし、介入する段階で初めて技術的解決ができるようになります。ここで様々に学んできたノウハウやスキルが生きてくるのです。

適応課題を技術的問題だと考え、既存の知識やノウハウで解決しようと問題に挑むと溝に落ちてしまいます。溝がなかったり、溝がはっきりどういうものであるかがわかっていれば、**技術的な問題解決は可能です。**

溝に落ちるか、橋を架けるか

相手のナラティヴを見ずに、
技術的に問題解決を試みて失敗する

相手のナラティヴを観察して解釈し、
新しい関係性を築くよう技術的に介入する

しかしそうではない場合、つまり、直面している問題が適応課題であるにもかかわらず、技術的な問題解決に頼っている状態では、溝に落ちてしまうことになります。しかし、これは技術的問題に見えていたけれど、実は適応課題なのだということを受け入れ、相手をよく観察した後に解釈をして、橋を架けていけば、溝に落ちることはありません。

問題には2つの状況があると考えるとわかりやすいです。ひとつは、新規事業を立ち上げるべきかどうかというような、ぼんやりと曖昧な状況。もうひとつは、特定の事業で競合よりも優位に立つにはどうすればいいかというような問題がはっきりしている状況です。

問題が曖昧な状況では、しっかりとした観察から情報を収集することが必要であり、その観察に基づ

技術的問題と適応課題の関係

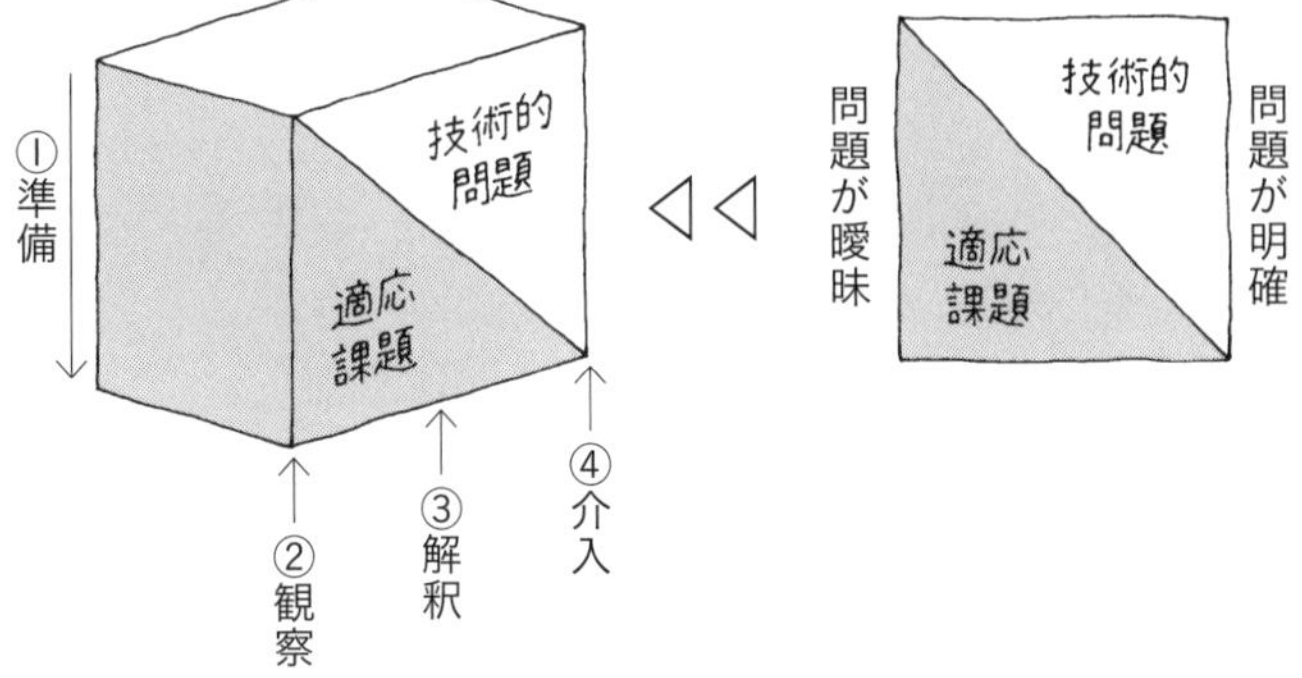

技術的問題だと捉えていた状況を、準備段階で適応課題と捉え直し、
観察―解釈―介入を経ることで、再び技術的問題へと落とし込んでいく

いて解釈する必要があります。そして、何が問題なのかがはっきりして初めて介入できると言えるでしょう。

準備の段階というのは、今立てている問いから離れて、何が問題かを知るために、問いを立て直すことを意味します。一見すると単純な問題に見えるために、解決策を講じるものの、なぜかうまく前に進んでいかない場合、問いを立て直さなければならないのです。

様々な関係性の中で、問題が何なのかが曖昧な状態にあることが、まさに適応課題に直面した状況であると言えます。そして、技術的問題ではなく適応課題に直面した状況にあることを受け入れる段階が準備であり、少しずつ問題をはっきりさせていく段階が観察と解釈のプロセスであると言えます。

そしてここまでくれば、問題は明確になってきているので、介入として今まで学んできた様々なノウハウや知識がうまく活かされるはずです。

介入というアクションが、次の観察の入り口でもある

観察から解釈を組み立てたら、次は**「介入」**です。介入のフェーズは、解釈から見えてきた実行すべきことを実際にやってみる段階になります。

先ほどの開発部と営業部の事例に戻りましょう。これまでわかってきたことは、営業部にとって売りにくい商品になっていたこと、営業部は今困りごとを抱えていることでした。そして、現状を改革したい役員の存在もあり、マーケティング部の協力も得られるということがわかりました。顧客にも潜在的なニーズを予感させる言動がいくつも見られました。

改めて書きますが、こうしたことがわかってくると、**会社の中には何かをやるためのリソースが実はたくさんある、**というように見えてくるのではないかと思います。リソースがないように見えるのは、実は、こちら側が相手を解釈するナラティヴが硬直化していたからで、これを準備段階で脇に置いたことによって、色々な可能性が拓けてきたのがわかるでしょう。

そこで営業部に対しても意味のある製品になるように、開発部から製品の訴求点を明確にしたり、顧客からの声を元に、もう少し製品のユーザビリティを上げるなどの改良をしたり、あるいは、競合との競争に対して、うまく新しい製品が寄与するような筋を考えたりするなど、様々なアクションを考えてきました。

次はこれを実行します。実行してみると、当然、思ったとおりにいくこと、いかないことが出てきます。また、思ったよりもうまくいくこともあります。

例えば、営業の人からは、それでもやはり訴求点がわかりにくい、という反応が返ってくる場合があります。こうした反応があったときにも、単に訴求点がわかりにくいと訴えているのか、それとも、もっと別な心配や恐れがあるのか、どちらの可能性も考えてみることが大切です。

他にも、今までの仕事の量がさらに増えるのではないか、という心配であれば、付加価値を高めることで数値の達成に寄与するとか、売れるかどうか心配であれば、顧客との接点を提供するとか、そうした取り組みが可能かもしれません。

いずれにしても、介入という具体的なアクションをしてみることは、確かに準備―観察―解釈を経たひとつのゴールではあるのですが、ある意味で、介入自体が、次の観察の入り口でもあることを忘れてはいけません。

対話のプロセスは繰り返す

大事なのは、対話のプロセスは行ったり来たりする、ということです。例えば、準備段階が不足したまま観察に挑むと、うまく観察できません。また、解釈がずれてしまっていると、介入しても効果がない場合もあります。

このような場合は、もう一度どこの段階で躓《つまづ》いたのかを考えながら、やり直すことが必要になります。このプロセスを回していって、うまくいかなければ適宜修正しつつ取り組む、というような、いわばアジャイルなプロセスとして、4つのプロセスを考えてみてください。

そして、この「準備─観察─解釈─介入」のプロセスを回すことで、組織のナラティヴとナラティヴの溝に橋が架かり、新しい関係性が構築されていくことが実感してもらえたらと思っています。

橋が架かるというのは、相手にとっても自分にとっても、お互いが意味のある存在として、物事に取り組める状態になったことを意味します。例えば、部下が上司に話をよく理解してもらえないなあと感じているときに、準備─観察─解釈─介入のプロセスを回して対話に取り組み、うまく橋が架かると、部下、上司の双方に意味のあることができる関係性へと変化します。

こうした一連の対話の過程を回していくことを通じて、おそらく相手からは「何かが変わったな」という印象を持たれるのではないかと思います。

おそらく、今までのように上からものを言ってこなくなった、とか、今までよりも自分たちの声を反映してくれるようになった、とか、そういう変化を実感してもらえたとしたら、大きな成果だと言えます。

対話に挑むよりも前の段階では、「自分たちの開発した製品を売ってくれない営業部」という、まさに「私とそれ」の関係性だったのが、「営業部が仕事を頑張りやすいように自分たちも頑張るし、自分たちの頑張りに応えてくれる営業部」というような「私とあなた」の関係へと、対話のプロセスを回していくことで、変化が起きてきます。

こうしたことを重ねていけば、最初は途切れていた開発部と営業部のナラティヴに橋が架かり、その橋がだんだんと強いものへと変化していきます。営業からのフィードバックもより深く理解できるようになり、よりよい製品を開発部も作れるようになっていくはずです。

私とは「私と私の環境」である

ここまで、部署と部署のような組織間の問題を例に説明をしてきましたが、対話とは結局、個人間の人間関係に終始してしまうのではないのかと思った方もいるかもしれません。

これは哲学者オルテガ・イ・ガセットが提唱した考えで、**個人とは「個人と個人の環境」によって作られているということに気付くと、理解がしやすいでしょう。つまり、「私」や「あなた（他者）」とは、果たして一対一の人間なのか、ということです。

先ほどまでの例で開発部のリーダーが対峙している営業部の部長を考えたとき、その相手が生きている営業部の売上至上主義の環境が、部長の言動を生み出しています。一方で、開発部のリーダーもまた、品質至上主義などの置かれた環境によって、営業部に違和感や不満といった感情が芽生えるのです。

ですので、先ほどまでの例で、わかりやすいように個人間の会話であるかのように例を示しましたが、部長という個人に働きかけるというより、営業部全体の環境にどこからどう働きかけるかという解釈があってこその、介入なのです。

つまり、人はその人の置かれた人間関係や環境にそもそも埋め込まれた作られた存在なのです。

近年、越境が注目されるのも、関係性の構成を変えるための取り組みとして理解することができるでしょう。単に個人が変わるのではなく、その個人が埋め込まれている環境を変えることで関係性を変え、その結果として個人が変わるということを狙ったものなのです。

このように考えると、一対一に思える対話のプロセスは、実は、関係性に働きかける行為であるということがおわかりいただけると思います。

したがって、相手をよく観察することは、相手の埋め込まれている関係性を理解するということを意味します。そして、それを解釈して介入することは、関係性へ介入するということを意味するのです。

対話を通して「反脆弱的」な組織へ

あなたやあなたの所属している組織は対話を通してとても強いものになっていくでしょう。厳密に言えば、強い、というよりも、反脆弱的な組織に変わっていくはずです。

「反脆弱性（anti-fragility）」とは、ナシーム・ニコラス・タレブの著作に示された概念ですが、簡単に言えば、色々な問題や困難に直面すればするほど強くなる性質のことを反脆弱性と言います。

想定外のことは色々と組織の内でも、外でも起きますが、そうした想定外のことが起きたときに、対話の4つのプロセスを意識して回していくことで、想定外のことが起きれば起きるほど強くなる人と組織へと変化していくことが実現可能なのだと思います。

組織のナラティヴの溝へ橋を架けていく、新たな関係性の構築プロセスは地道な作業で、このような話をすると、「破壊的イノベーションが求められる時代に、そんな悠長なことをやっていていいのだろうか」という質問を受けることもあります。

しかし、破壊的イノベーションと呼ばれるものも、実際にはかなり地道な作業の繰り返しから生まれています。

例えば、エリック・シュミットが外部からGoogleの経営陣に加わり、彼がGoogleのアドワーズを最初に見たときには、こんなビジネスが成り立つとは思わなかったと述べています。シュミットに理解してもらえるように、営業の人たちは、一生懸命橋を架ける活動をしていたようです。

その結果、シュミットもこのビジネスには可能性があるとわかり、強力に経営陣としてアドワーズのビジネスを推進することになり、後にGoogleはマーケティングの世界に革命を起こしたのはみなさんもご存知のとおりです。

しかしもしも、営業や開発の人々が、シュミットが反対してきたことに対して、彼が反対している理由を観察して、解釈を通じて適切な方策を考え、介入として、彼が納得する方策を講じるように架橋していかなければ、もしかすると今のGoogleの姿はないかもしれません。

後の章でも触れますが、新規事業開発は、まさにこの対話こそが重要な鍵になってきます。また、事業開発に限らず、組織の中で新しいことをやろうとしている人にとって対話を通じて新たな関係性を構築し、適応課題を乗り越えていくことは、とても大切なことになると思います。

また、対話のよいところは、権限がない人でも取り組めるということです。私は経営戦略論や組織論を専門に研究していますが、多くの研究から見出される知見は、権限がないとなかなかできないものであることが多いです。

しかし、対話は権限がなくても、自分のナラティヴを一度脇に置いて、観察—解釈—介入を地道に回していくことによって可能です。様々な観点から見て、対話の実践は有用であり、かつ、実現性の高い取り組みなのです。

新たな現実を作ることが最高の批判である

2章の中で、「上司が無能だからMBAに来た」という会社員のエピソードを書きました。その中で、彼らにとって、上司は「敵」で、会社は「戦場」で、そして、MBAは「武器」で、その武器でもって上司という敵をやっつけようとしていました。

仕事が戦争のメタファーで語られることはよくあると思います。それはとても男性的で、勇ましく、無意識のうちに私たちを駆り立てる力があります。しかしその反面、戦いとは異なること、例えば「明確には割り切れないこと」に逡巡したり、「柔和な関係性」を構築したり、「男性的でないもの」を組織の中に持ち込むことを、無意識のうちに排除してしまうというネガティブな働きもあるのです。その結果、組織の適応課題を生み出してしまう元凶にもなるのです。しかし、一方で、戦争のメタファーはとても強く企業社会に根付いているので、なかなか厄介な代物です。

私は研究者ですが、かつて所属した大学が、組織改革を大々的にスタートし、日々とても教授会が重苦しい雰囲気に包まれていたのを思い出します。この中で、私が感じた疑問は、なぜ大学本部が「戦略」という言葉をたくさん使うようになったのかということです。「研究戦略」、「知財戦略」、「地域連携戦略」など様々に戦略という言葉が躍る資料を眺めながら、何かその中で、自分がとても意味のない、小さな存在として組織の中にいるように感じました。そして、何か今まで自分がやってきた研究や教育が、そうした中では「お前は何も考えていない」と馬鹿にされているような気持ちになり、とても不愉快になりました。

なぜなのだろうととても不思議に思い、こうしたことを研究する分野は経営学にあるのだろうかと探していたときに出会ったのが、批判的経営研究（critical management studies）と言われる分野でした。

この領域ではミシェル・フーコーやジュディス・バトラー、ユルゲン・ハーバーマスなどの現代思想を駆使しながら、いかに私たちの組織での日常が、社会的に構成され、抑圧されているのかを暴く研究が展開されています。そして、「戦略」はまさにそうした中心的な言語的装置であると述べられている研究に出会いました。

ここでは戦略を考える人と、それを実行する（させられる）人という支配関係を気がつかないうちに組織の中に作り出すための言語的な権力の発生装置だと述べられています。

私は非常に納得して、批判的な研究を展開する研究者を目指そうと、ヨーロッパの学会に足繁く通って発表をしたり、アメリカにある世界最大の経営学会（Academy of Management）でも批判的経営研究のディビジョンに入るなどしました。

しかし、そうした中で色々な他の人たちの研究を見たり、自分も批判的な研究をしていると、あるときとても虚しくなりました。確かに、批判的な研究は理論的にも鋭い指摘をしているし、素晴らしいと思うのですが、一方で、それをいくら頑張ってやっても、現実は何も変わっていかないということに気がついたからです。

自分は批判の先に、現実を変えていきたいという思いがあることにその時に気がつき、新たな方向性を模索していたときに、かつて読んだガーゲンの本をたまたま研究室で開いた瞬間、「これだ！」と思ったのです。

この本の背景にある「ナラティヴ・アプローチ」の思想は、ガーゲンらが掲げる社会構成主義（social constructionism）という思想に基づいています。社会構成主義とは、私たちにとっての常識は、常識を共有する人々とのやり取りを通じて作り出され、そのやりとりを通じて常識が再生産されるという考え方です。「現実は社会的に構成されている」という意味で、社会構成主義という呼び名になっています。

『あなたへの社会構成主義』という本の中で、ガーゲンは、批判をするのは、問題をよりよいものへ変えていきたいからではないか、それなのに、批判にとどまり続けるのは本来の批判的研究が目指しているものから、はずれているのではないかと指摘します。

では、問題のある現実をどのように変えていったらよいのか、という点が議論として浮上します。そこでガーゲンが注目したのは、私たちの現実の社会的構成でした。

社会的ということを紐解いていくと、これは私たちの日常の会話にいきつきます。つまり、日常の言葉を交わす会話を通じて、私たちは現実を作り出しているのです。

だとするならば、この言葉を変えていくことによって、現実を変えることができるのではないかと考えられます。これが、ナラティヴ・アプローチの哲学的な意義なのです。

現実は社会的に構成されている、社会の中身は会話である、だから、私たちは何を語るのかによって、現実を本当に少しずつだけれど、変えていくことができるかもしれない。その思いから、ナラティヴ・アプローチを経営の実践の場において、展開できる方法を模索するようになりました。この本はそうした中で、私なりに実践をしてみたひとつの帰結であると言えるものです。

［第3章］

実践Ⅰ・総論賛成・各論反対の溝に挑む

対話を通じて、組織の問題に向き合っていくために、具体的にどうしたらよいのか。2章までは、抽象度の高い「対話」という概念やそのプロセスを説明しましたが、強調しておきたいのは、対話こそ「実践」のためのものであるということです。

相手のナラティヴを理解し、溝を確かめるだけでは、物事は前には進みません。適応課題を解決するために、互いのナラティヴの溝に立ち向かい、より多くの人を動かす行動そのもの、その実践こそが対話であると言えるでしょう。

この章では、組織と組織のあいだで対話をしていくためのリーダーシップを考えていきたいと思います。

総論賛成、各論反対を生き延びる

最初に、部門間の対立の典型例として、新規事業開発部門と既存の事業部との対立を考えてみましょう。

この本を書いている段階では、日本の大手企業が続々と年度末の決算を発表し、過去最高益を記録したと報道されています。しかし、そうした企業関係者の顔は、決して明るくありません。

いわゆる収穫期の既に成熟した事業ばかりであれば、短期的には収益状態はとてもよくなる傾向がありますが、新規事業の育成に問題を抱えたまま最高益を迎えているとなると、これは中長期的に見れば大変に危機的な状態です。それは「健全な赤字」を掘れる事業が会社の中で育っていないということを表しているからです。

そんな中、多くの企業で今、イノベーション推進の取り組みが、社長直轄部署で行われています。そうした事例を見ていると、どの会社でも直面するのが、イノベーション推進を行う部署と既存の事業部との冷ややかながら、厄介な見えにくい対立構図だったりします。この**見えにくい対立構図の中を生き延び、企業でイノベーションを推進していくには、適応課題を乗り越えることが求められています。**

先ほど「健全な赤字」と書きましたが、イノベーション推進を行う上で適応課題が生じる大きな構造的要因は、新規事業が収益を確保するまでには時間がかかるものが多いということです。さらに言えば、会社の10年後を担うような事業の場合、しばらく赤字が続くのは、経営戦略論的に見ても正しい状態です。初期の段階では開発のコストや市場の開拓のためのコストなどが多くかかるため、安定した顧客ベースを獲得して収益を得られるようになるまでには必然的に時間がかかるのです。

様々な現場で、会社の収益に現時点で貢献している事業を回している事業部長、あるいは現場の人々は、日々コストを意識しながら、厳しいスケジュールと限られた予算で事業を運営することを求められています。

既存事業の人々からすれば、新規事業開発、とりわけ、多角化を伴うような、新しいカテゴリーの事業開発をやっている人たちの姿は、「自分たちは締め上げられているのに、赤字を垂れ流しながら面白そうなことをやっていて、いい気なものだ」と思いがちです。

もちろん、そうした既存事業部の人たちも、決して会社として新規事業開発をしていくことに反対ではないのです。しかし、自分たちの現場は、厳しい状況に置かれてもいる。だから、**総論賛成、各論反対**のような状況になってしまいます。

そうなると、新規事業開発をする部署の人が、既存事業部と連携をしようとしても、「そんな成果が出るかどうかわからないところに、うちの工数は割けません」とはねつけられたり、「そのアイデアが本当にお客さんの役に立つとは思えませんね」と顧客の紹介を拒否されたり、冷ややかな対応をされてしまうこともあります。

また、新規事業開発の部長クラスも、役職者会議や役員会などに出たときに、「ところで、いつ頃成果を見られるのですか」とプレッシャーをかけられたり、1年目はよくても2年目から予算を削られて、3年目に部署が解体されたり、などということも実際にあります。

既存事業の事業部長や役員の方も、別にイノベーションを興したくないわけではないし、そういうことが必要なのはわかっていても、やはり、自分たちの状況が決して楽ではありません。前線から人員を引き抜かれたり、予算や達成目標の締めつけが厳しかったりする中では、なかなか笑顔ばかりを向けていられない状況があります。ここにも総論賛成、各論反対があります。

こうした状況に陥れば、当然、新規事業開発で次世代を担うようなものを推進していくのは困難になります。長期で結果が出るか出ないかわからないものは避けて、簡単に成果の出やすい手堅い事業開発をしたくなってしまいます。しかし、それではその部門を作った意味は薄くなります。一方で大きな絵を見ている社長からはもっと挑戦しろと言われる。社長のリーダーシップは大事だと言いますが、とはいえ、社長だけで会社は動いているわけではありませんし、社長が事業部間の冷戦にいちいち介入するのは現実的ではありません。

トップダウンの圧力と既存事業との軋轢の間で、板挟みになっているというのが、いくつもの会社でよく見られる現象です。総論賛成、各論反対という激しい「ギャップ型」の適応課題において、対話を通して「新しい関係性」を社内で築いていくにはどうしたらよいでしょうか。

共通の成果を設定する

　新規事業開発部門に対して、既存事業部が冷ややかな目を向けている場合、他の事業部にいくら「新規事業は成果が出にくいのだ」と正論を問いて回っても説得が難しいのは想像に難くないと思います。

　確かに、こちらのナラティヴでは正しいし、それは経営戦略論の観点からも正しいのですが、既存の事業部からすれば、「そうは言っても、我々も大変なことには変わりない」という平行線になることでしょう。このように発生するナラティヴの溝にどうやって橋を架けていくことができるでしょうか。

　まずはしっかりと準備を経て観察―解釈―介入のプロセスを回していくわけですが、一歩目は準備として、自分たちの課題やミッションなどのナラティヴを脇に置いて、よくよく社内を見渡します。イノベーション推進の必要性の正論を周りは理解していないわけではありません。ですが、周りを「イノベーション推進に非協力的な人たち」と解釈してしまう自分のナラティヴを一度脇に置いてみることが必要なのです。そうすると、なぜ非協力的になっているのか、相手のナラティヴを観察する準備が整います。その上で、既存事業部を始めとする利害関係者たちの言動から、潜在的に困っていること、見えていない問題をよく「観察」します。

今回のような「ギャップ型」の課題は、お互いの利害が対立する成果設定ではなく、双方にとって意味のある成果の設定をなんとか作ることで「新しい関係性」を築けることが多くあります。

つまり、キャッシュエンジンである既存事業部の課題に対して、財務的な成果以外で、有効な解決策を提供するという位置づけに自分たちを置くことができれば、溝に橋を架けられる可能性があります。


あるメーカー企業の新規事業部では、新しい事業を興そうとした際に、**「成功しないかもしれないのに、なんでこんなに投資して時間や人を割くのか」**という疑問が生じました。上記のような総論賛成、各論反対の冷戦になりつつあったわけです。

このとき新規事業開発の部長は、いかに会社にとって新規事業が必要なのか正論をぶっても、大きな進展が見られそうにないと気がつきました。

そこで彼は、自分のナラティヴを一度脇に置き、正論で戦うことはせず、既存の事業部や経営陣をよく観察することからはじめました。既存事業部が取り組めていない困りごとを見つけ、また、他の事業部が彼らにどのような期待をしているか、何を潜在的に求めているのかについても、よく観察しています。

そして、その観察からわかったことに基づいて、相手のナラティヴの中に自分たちの役割を作り出せる余地を発見し、具体的な介入へと進んでいくことにしました。そうすることで、新規事業開発を大手企業で成し遂げる上で生じる適応課題を乗り越えていく対話の道筋を作っていったのです。

彼は対話的な実践の中で、新規事業部に別の役割を発見することができました。

それは既存の事業部とコミュニケーションを密にしながら、尖兵としてパイロット的に先に失敗をしたという情報を積極的に提供するインテリジェンス（情報機関）としての役割でした。これは確かに、既存の事業部からしても、新しい情報を得ながら、中期的に直面するリスクを避けるという意味で有用です。

また、なかなか既存事業部の中で手が回らない人材育成の役割や、他の事業部でやりにくい事業の実験を引き受けるなど、必ずしもすぐに成果が出ない中で、社内に新しいことをもたらす役割を徹底して果たしています。

つまり、新規事業として成功すれば財務的な成果であり、一方で、うまくいかないとしても、それは会社にとってはいち早く事業展開に必要な情報を得る上で有用な情報源になります。ただし、大事なことは、必ず**新しい取り組みを盛り込んでいること**です。既存の延長線上ではなく、技術なのか、パートナーなのか、生産方法なのか、何かしら必ず会社にとって新しいものを組み込むことによって、実験としての位置づけを明確にしています。そうした大胆な活動に取り組めるのも、新規事業部が会社にとって有用な役割を明快に示しながら、既存事業部と新しい関係性を作っているからです。

将来的に、既存の事業部を助ける役割をさらに会社の中で確立できれば、様々な実験をしつつ、より多くの予算の配分を受けながら、大々的に新規事業開発に取り組むことができるようになるでしょう。これは、会社にとってとてもよいことであるのは言うまでもありません。

こうした対話的な実践を通じて、一本目の橋が架かって、新規事業部の活動は既存事業部の活動とはまた違う役割があることを認めてもらえるようになりました。

常に観察を欠かさないことで、次々と橋を架けていくことができ、自分たちの活動は会社にとってより意味のあるものになると同時に、周囲の事業部や部門と良好な関係を構築することが可能になるのです。

検証が二巡目の対話へつながる鍵となる

このエピソードは対話的な観点で、注目すべきポイントがいくつかあります。

改めて、準備―観察―解釈―介入のプロセスに沿って、指摘しておきたいと思います。

1. 準備：相手を問題のある存在ではなく、別のナラティヴの中で意味のある存在として認める
2. 観察：関わる相手の背後にある課題が何かをよく知る
3. 解釈：相手にとって意味のある取り組みは何かを考える
4. 介入：相手の見えていない問題に取り組み、かゆいところに手が届く存在になる

まず対話の「準備」の段階で、正論を脇に置いたことです。

例えば、社長がお墨つきを与えているからそんなことを考える必要はない、というのは短絡的で、社長がお墨つきを与えていることが、他の部門からしたら、どれほど羨望の的になるのかを理解しておく必要があります。むしろそれは大きなリスクです。

失敗すれば、「ほれ見たことか」と言いたいのが誰しもどこかにある思いです。それは、新し

いことをやる人たちが嫌いだからではなくて、今の取り組みの中で色々と見えない問題を抱えていて苦しいからです。

次に、「観察」の段階では、自分たちの活動が、利害関係者の中でも、特に既存の事業部長や役員からどのように見えているのかをよく理解していました。総論賛成、各論反対の中で生き延びるためには、これは必須です。

さらに、「解釈」の段階で、既存の事業部門が、潜在的に抱えている困りごとが何かをよく理解していました。すなわち、既存の事業部にとって、新しいことをやろうとすると、うまくいかない可能性があり、そのリスクを低減させないと、なかなか踏み出せないということや、他にも、実験的な取り組みをするだけの余裕がないという問題など、見えていない問題にうまくアプローチをしています。これによって、自分たちのやっていることを既存の事業部門にとっても、会社にとっても意味があるものにしています。

最後に、「介入」の段階で、具体的な施策を実践していく際に、観察と解釈のフェーズがよくなされていれば、**「介入」段階でやるべきは「検証」である**と言えます。大胆に実行していけば狙いを外してしまうリスクもあります。しかし、アジャイル開発がいきあたりばったりでないように、なぜ外したのかを検証すれば、よい観察（つまり二巡目の対話）につながるのです。

つまり、最初は、新規の事業開発とインテリジェンスの提供から、橋を架けて実践をしていく中で、人材育成の可能性や事業アイデアの実験室など、役割が広がっていきます。

これは2章で述べた、橋が架かった先の新たな視座が開けた段階であると言えるでしょう。

ナラティヴに招き入れる

他にも会社の中での対立でよく耳にするのは、営業部門と法務部門とか、事業部門と情報セキュリティ部門、新規事業開発部門と人事部門など、間接部門とのコミットメントの「対立型」の適応課題です。

急成長をしているある製造業の会社で契約周りをチェックする法務部門が、大きな問題に悩まされていました。その会社は、新しい製品がヒットして急成長しているため、営業担当者も日々増員されている状況にあります。そうした中で、新しく入った人たちがたくさん契約をとってくるのですが、その契約の内容が、会社からすると問題がある場合があり、その頻発する後始末に、手が回らずに困っていました。

通常、こういった場合には、社内にルールを増やして、「こういうことを必ずしましょう／絶対にやめましょう」というやり方を徹底していくという方法がありますし、それはそれで意味があるとも言えます。しかし、人手が足りない中で、急成長している企業の場合、実質的にそうしたルールを浸透させるところまでもっていくことはなかなか大変でしょう。

このようなときにも対話のプロセスは有効です。

まず準備段階として、「不備のある契約をとってくるリスクを考えられない営業」と解釈することを一度脇に置き、なぜそういうことが起きているのかを観察するのが有効です。

そうすると、採用されてすぐに営業に配属されると、ともかく数字をとってくることが大切だという意識が先行していることが見えてきました。

営業部門のナラティヴからすれば、これは一理あります。新しい会社で早く自分が認められたいということもあるでしょうし、会社の成長に乗り遅れてはいけないという焦りのような、勢いのような気持ちもあるでしょう。そこで場合によっては契約内容について経験が浅い中で、検討が不足するのは無理からぬことだったのです。

そうしたナラティヴの只中にいる人に対して、「もっとちゃんと契約の中身をチェックしましょう」といくら言っても、「それよりも今は自分は数字をとってくるほうが大切なんだ」という現場のナラティヴのほうが優先されてしまうことは必然かもしれません。契約内容が大切なのは頭で理解していても、正しい契約に整えても自分の数字は変わらないからです。むしろ、「人が一生懸命頑張っているのに、面倒くさいことを言うなあ」というくらいに思っていることもあります。

契約をチェックする部門の立場からすれば、「契約ひとつまともにできないのか」と腹が立つとは思うのですが、それをいくら言っても、相手のナラティヴの中ではそれは重要なことではないので、溝の向こう側には届きません。

そうした観察を踏まえ、法務担当が会社で取り組んだことは、一度、法務のナラティヴに入ってきてもらう、という方法でした。具体的には、新しく営業で入ってくる人たちに研修をし、営業として実働してもらうよりも前に、契約書類に問題がないかチェックする仕事をやってもらうことにしたのです。

まず採用されたら、契約書類のチェックをしてもらい、どういう点に気をつけないとチェックをする側がどんな修正をしなければならないのかを知ることに時間を最初に費やしてもらいます。それが営業の成果を会社の成果に結びつける上で、どのような意味があるのかを実感してもらうことで、他の立場のナラティヴから見たら、自分の仕事はどう見えているのかを知ってもらうことになったのです。

つまり、一度、反対側のナラティヴの中に来てもらい、そこから自分のナラティヴを眺めてもらう、ということに取り組んだわけです。

これは、トヨタ生産方式などでも見られる多能工化の取り組みの価値のひとつでもあります。自分よりも後工程を担当すれば、自分の工程でやったことが、後工程にどのような影響を及ぼすかを知ることができます。そうすると、前の工程に戻ったとしても、自分の仕事の見え方が全然違ってきて、取り組み方も変わるというわけです。

ナラティヴが異なれば、当然、正しいと思うことも違います。従って、相手の状況を一気に変えることは不可能だということを認識した上で、少しずつこちらの理解者を増やしていくことが必要です。その取り組みが、研修がてら一緒にチェックをする、ということだと言えるでしょう。実際、チェックする人数もこれで確保できますし、一石二鳥でもありました。

このエピソードは、まず準備段階で、「こちらのルールを守らない現場」というよくあるナラティヴを脇に置けたことが、大切なポイントであると言えます。

さらに、観察する中で、相手を無理に変えさせるのではなく、なぜ相手が問題のある行動を起こすのか（起こす可能性があるのか）をよく理解して取り組んでいる点がポイントになります。

ルールを守ることへの関心を高めてもらうということは、直接業務に貢献するものではないため、なかなか難しいのは事実です。しかし、それを「本来そうあるべきだ」と主張しても、改善することはなかなか難しいです。相手にも相手なりに理があり、また、こちらの要望をそのまま通そうとすると、痛みが生じるため改善できないからです。

つまり、なぜ相手はそういう問題がある行動を起こすのか、その構図をよく理解することが必要であり、何がわかっていないのかをわかろうとすることが不可欠なのです。

わかっていないことを見定めるのが何よりも大事な一歩目であることがわかると思います。

さらに相手の見えていない問題に取り組むために、わかったことを解釈して、具体的な施策を計画していく解釈のフェーズでは、相手にとっても意味がある、実行可能な施策を考えている点が大事です。

極めて平易に言うならば、相手の役に立つことでなければ、誰もその仕事を好んで受け入れようとはしないということです。それは意識が高いとか低いとかの問題ではありません。意識が高いから受け入れるのだとすれば、それは意識が高い人のニーズを満たしているからです。当然、意識が低い人のニーズはそのときにはないがしろにされています。

何が相手の役に立つのか、何に潜在的には困っているのか、この2点をよく理解し、そのために具体的な施策まで展開していくことが橋を架ける上では不可欠です。この点を工夫することが大切だと言えるでしょう。

対話を通じて、困難とも思われる部門間の対立を協働的な関係にしていくことができるのです。

自身のナラティヴの偏りと向き合うこと

新しい事業機会に気がついて会社の中でそれを具体化しようと働きかけたり、事業に限らず、何か新しいことを提案したりしたときに、社内で却下されてしまうということは当然あります。

そのようなときに、ひとつ考えてほしいのは、却下してきた方を必要以上に悪く思わない方がいいということです。そして、会社の事業戦略との整合性という観点からもう一度自分の取り組みを理解すれば、うまく文脈が作れるかもしれないことも当然あります。

自分が新しくやろうとすることが、一体どういう形で会社の事業に貢献するのかをしっかりと考えた上で、上の立場の人に働きかけることは、根本的に大切な点です。

なぜならば、この点を抜きに取り組んでも、持続可能性がないからです。企業とは資本主義社会の中で、事業という方法を通じて社会に貢献をする存在です。事業という方法は、収益を上げることで、持続可能性が確保されるのです。これは非常に重要なポイントです。

無論、いつまでも会社に言われたことをやり続けろと言っているわけではないのです。それは限られた人生の時間の無駄遣いになってしまうでしょう。そうではなくて、少しずつでも変化を会社にもたらすことができるよう、信頼を得るという準備を怠らないことが大切だと言っているのです。

逆に事業にしっかりと貢献する道筋が見えないものは、会社の金を使った遊びだと解釈されるリスクが高いです。事実、そうとしか見えない方も少なからずいます。それは早晩バレますし、誰からも相手にされなくなってしまいます。そうした場合、いずれ信頼を失い、何もできない立場に追いやられることでしょう。これは大変に不幸なことです。

どう事業に貢献するのかよく考えられていないものに対して、「会社が、上司が、協力してくれない」と会社を批判するような場面によく遭遇します。きっと上司や会社の方針は偏って見えると思うのですが、一方で、上司から見れば自分が偏って見えているはずです。

中立な人間は原理的に考えてもこの世界には存在しません。誰もがそれぞれのナラティヴを生きているという意味で偏った存在であり、それは自分もそうだということです。

そうであるならば、まず自らの偏りを認めなければ、他者の偏りを受け入れるのは難しいでしょう。他者の偏りとは、ナラティヴの隔たりのことです。それは時に、自分はよいことをやっていると思っていたが、もしかしたら、会社の未来には何も貢献していなかったのかもしれない、ということに気づくのかもしれません。

そして、それを受け入れることは、時に自分が惨めだなと感じるかもしれません。しかし、哲学者のブレーズ・パスカルは、『パンセ』の397（前田陽一・由木康訳）でこう述べます。

> 人間の偉大さは、人間が自分の惨めなことを知っている点で偉大である。樹木は自分の惨めなことを知らない。
> だから、自分の惨めなことを知るのは惨めであることであるが、人間が惨めであることを知るのは、偉大であることなのである。

自らの偏りを認め、対話を実践していくことは、惨めさをも受け入れながら、何かを生み出そうとするという大変偉大なことなのです。

［第4章］

実践2・正論の届かない溝に挑む

この章では、同じ組織の中の人と人の間で生じやすい溝を見ていきたいと思います。

営利目的の組織に属している人が重責を担うとき、他のメンバーと同じナラティヴを生きることは難しいでしょう。マネジャーやリーダーといった組織的役割を担うことで権限・パワーを自然に持つことになります。このような中で起こりがちなのは、言いたいことを言わない「抑圧型」、逃げたりすり替え行動にはしる「回避型」といった現象です。

この章では、組織変革において対話をしていくためのポイントを考えていきたいと思います。

上司から部下へと連鎖する適応課題

これはある製造業の本社人事部に勤める若手社員の事例です。

彼は、積極的に自分の仕事に関する勉強を重ねている、とても熱心な社員で、会社からも、人事として組織を改革していくことを期待されています。

彼は人事関連業務の一部にＩＴを導入して簡素化してはどうかと上司に提案しました。明らかに仕事の量も減らせるし、会社にとってはメリットのあることのように思えたわけです。

しかし、直属の上司は、せっかくの自分の提案に対しても、「うーん、そうだねえ……」と言うだけで、特に賛成とも反対とも意見をくれず、結局、そのままになってしまいました。

せっかくよいと思う新しい提案に対して、保留しているだけで特に動いてくれなかったり、前例がないからと拒否したりする上司に対して、一体どうしたらよいのでしょうか。

目指すところは、上司がよしやろう、と判断できる状況をつくることです。

そのためには、上司が一体何がわかっているとそう言えるのか、上司のナラティヴをしっかりと把握しなければならないでしょう。

まずは準備として、自分の提案がよい内容だと思っていて、なぜ上司はそれを受け入れないのか、不信が募っているナラティヴを脇に置くことです。よい提案かどうかは、あくまでも自分のナラティヴの中での話で、上司のナラティヴと自分のナラティヴの間には溝があるということを認識しておく必要があるのです。

上司には判断できないだけの何かがあるはずなのです。そこに踏み出さなければ、橋は架かりません。

若手社員の彼は、上司とコミュニケーションを取る中で観察をしてみました。すると、見えてきたのは、上司のさらにもうひとつ上の上司（本部長）が、最近外部の企業からやって来たそうで、この人が今までのその会社の慣習に対して、改革をすべきだということを強く主張しているとのことでした。

そして、その状況だと、直属の上司は、どう動いたらよいかがハッキリと見えておらず、提案がよいと思っても、動きたくても動けない状況だったということが見えてきました。つまり、言いたいことを言えない「抑圧型」の適応課題に、上司が直面しているということです。

それであれば、次は解釈です。観察で見えてきたことに基づいて、直属の上司が動きやすくするために何をやったらよいかと考えました。例の外から来た本部長に、自分の提案を直接聞いてもらい、それに対する意見を予めもらっておくことで、直属の上司が判断しやすくなるということは考えられます。介入のプランがまとまりました。

実際に介入として、本部長への接点を増やしていきました。何か新しい改革に着手したいときは、一度本部長に非公式に意向を確認してから、部長に話を持っていくという形にしたのです。そうしたところ、上司は色々な提案を受け入れて実行してくれるようになりました。

今回のケースは、うまくいった例ですが、実際に介入をしてみてもうまくいかないこともあります。その場合は、もう一度上司のナラティヴへの観察—解釈—介入をやってみることを繰り返していくことが必要でしょう。

フラットになれる場を設定する

対話を見事に行って成功した人の例を次にご紹介しましょう。

彼は、ある保守的なサービス業で新しいサービスを開発したり、業務のやり方を考えたりする部門にいました。それまでにも、コールセンターの立ち上げなどを命じられて取り組んできました。その成果については会社の中で、「彼に新しいことを任せればうまくやるだろう」という信頼を得ていました。

しかし、インターネットを用いた新しいサービスに関しては、会社としても未経験で、そのまま話を通そうとしてもなかなか難しい状況にありました。また、直属の上司は、可能性よりもリスクを気にするタイプで、正攻法で行っても問題点を指摘されて結局前に進まないかもしれないということが予想できました。

そこで彼は、関係者である直属の上司、その上の上司である副部長、そしてさらにその上の上司である部長の3名に呼びかけ、インターネットを用いた顧客向けサービスに関する勉強会を開くことにしました。

この勉強会では、彼が一方的にレクチャーをするというよりも、お互いにインターネットを用いることで、顧客サービスの向上にどのように貢献することができるか、事業戦略との関係はどうなっているのかなどを勉強するという**互いのナラティヴを開示するフラットな場**にしました。そして、数回の勉強会を開催し、お互いに新しい技術を用いたサービスがどのような価値があるのかについての理解を共有することができました。

この勉強会に、上司の上司、さらにその上司も交えて実施している点がポイントで、直属の上司は、部下のほうが色々と知っているとなれば、脅威に感じることも十分ありえます。意見が必要以上に聞き入れにくいこともありえるでしょう。

そのため、部署内でより意見を聞いてくれる相手として、副部長を交えて実施しました。味方で応援してくれるからと、上司の上司にいきなり頭越しに話を進めようとすれば、部署をまとめていかなければならない立場の直属の上司からすれば、自分があずかり知らないところでものが進んでしまうリスクを感じるはずだからです。そこで、あえて「勉強会」というフラットな場を設けたというのは、日頃からよく組織の中を観察したことに基づいた、周到かつ有効なやり方であったと言えるのではないでしょうか。

勉強会が終わった後に、参加していた部長に面談を依頼して、新しいサービスをやるべきだ、と掛け合ったそうです。

その際に、「うちは高齢のお客様が多いけれど、本当にインターネットを使うのだろうか」と聞かれたそうです。これまでの観察から、その質問が出ることは、事前に想定してありました。

そこで、以前開発したコールセンターのシステムに、簡単に情報を入力する機能があることを活用して、コールセンターから顧客に対して「インターネットはお使いになりますか？」という質問をしてもらうように依頼しておいたそうです。その周到な準備で、証拠をもって示すことができました。

その結果、部長のほうも「これで何もしないと自分がみすみす機会を逃したということになる。今から社長と掛け合ってくる」と動くに至り、すぐに予算を獲得してくれて、新しいサービスの展開へと繋がったのです。

このエピソードを対話という観点で簡単に整理してみましょう。

この方は、既に過去の経験からも、自分のナラティヴを押し通してもうまくいかないという対話の経験があったため、準備段階は済んでいたと言えるでしょう。もし、準備段階を経ていない人であれば、「新しいアイデアは会社にとって絶対にいいはずなのに、どうして反対する上司が出てくるんだ」となっていたかもしれません。

次に、勉強会を開催したことは、観察をするという観点から極めて有効な方法であると言えます。まず、勉強会をやる、ということに対しての反応から、上司たちのナラティヴを観察することができます。実際、3名のうち直属の上司は、様々な理由をつけて、勉強会には参加しませんでした。このことからも、もしも直属の上司に直接掛け合っていたら、今回はうまくいかなかった可能性が高いと言えます。

加えて、その中での発言も観察の対象として非常に有用で、他の2人の上司たちは、どのようなことがわからないか、どのような関心があるか、どのようなリスクを感じているか、そして、相手のナラティヴからは自分の提案はどのように見えているか、発言を通して観察と解釈を行い、相手のナラティヴを理解して橋を架けるポイントを探ることができました。

そして、数回実施したこともよい方法だったと思います。最初の回で観察できたことを踏まえて解釈を行い、介入としての2回目を実施し、その介入を通じてさらにわかったことが次の回のための観察になり、その解釈を行って3回目、というように、観察―解釈―介入の対話のプロセスを回すためにも、数回の勉強会は有効であったと言えるでしょう。

そして、そうした対話のプロセスを回した後に、部長と面談を行うという最後の介入を、顧客の利用可能性が高いというエビデンスを基に行いました。もちろん、この介入でダメだった場合は、また別な方法や視点で観察を行う必要がありましたが、この介入で見事に橋が架かり、実施へとこぎつけることができたのです。

弱い立場ゆえの「正義のナラティヴ」に陥らない

2つの事例を比較すると色々なことがわかってきます。

ひとつは、言いにくいことを言えない**「抑圧型」の状況下では、自分のナラティヴに即した正論はほとんど役に立たない**ということです。相手との間に橋を架けていく取り組みをしなければ、物事は前に進みません。

言うなれば、橋を架ける実践とは、こちらだけの正論ではなく、**両者にとっての正論を作っていく作業**だと言えます。このように書くと、これは「相手と妥協案を作れということか」と考える人もいると思いますが、まったく違います。

妥協とは、こちらの要求を一部諦めて、相手の要求を受け入れることを意味します。よくあるのが、提案をしたけれど上司に問題点を指摘され、すっかり怖気づいてしまうケースです。

その結果、非常に守りに入った、当たり障りのない提案をしてしまうということはよく耳にします。これは確かに妥協そのもので、結局何のために新しい取り組みの提案をしたのかよくわかりません。そして、陰で上司たちの陰口を叩いて「うちの会社も大企業病だね」と愚痴をこぼし合ったりすることもあるでしょう。

つまり、**大企業病なのは、実は提案を妥協した側も同じであり、そこに加担していることに気がつく必要がある**ということです。相手が自分の提案をよいものだと判断できなかったことを相手のせいにしたくなるのはわかるのですが、ここで自分のナラティヴを脇に置いて観察できるかどうかが、その人が新しく価値のある仕事ができるかどうかの大きな分かれ目になってきます。

多くの場合、上司は上司でこちらが気づいていないリスクに気がついたり、その提案を受け入れたことによってどんなメリットがあるのかと、上司なりに考えていたりするはずです。異なるナラティヴの中にいて、見ている点が違うため、異なる判断を下しているのです。そうだとすれば、上司が一体どうしてその判断に至ったのかをよく観察すれば、打開策が見えてくる可能性があるのです。

相手のナラティヴにもう一歩踏み込んで、自分が上司の立場だったならば、もしかすると同じように何とも言えない状況になったかもしれない、ということを受け入れると、非難するよりも、何か話を通すための介入ポイントが視野に入ってくるはずです。

立場の弱い側には、ひとつ大きな罠があります。**立場が上の人間を悪者にしておきやすい「弱い立場ゆえの正義のナラティヴ」に陥っている、**ということです。立場の弱い側は、いくらでも人のせいにして、逃げ道があります。多くの場合、まだ若いですから、うまくいかなくても再起するチャンスがあります。

しかも、それを正当化する様々な言い方が世の中には転がっています。最近では、動かない中間管理職を「粘土層」と揶揄する記事をいくつも目にしますし、いくらでも非難することはできます。しかし、自分もいつかその立場に立つことを忘れてはなりません。そのときに、部下の話を受け止めて、守れるようになるためには、今から対話をして、橋を架けられるようになっておかなければなりません。なぜならば、先の若手社員の事例は、直属の上司が、本部長に対して橋を架けることができていないから生じているとも言えるからです。もしも、その上司が若い頃から橋を架けることに取り組んでいたならば、もっと違った結果になったでしょう。

一方、後者の成功事例を見ると、極めて巧みにアイデアを生き残らせていることがわかります。何よりも、まず新しい取り組みの意味を一緒に作っているのがとても大きい点です。その結果、判断できる状況を見事に作っていきました。

橋が架かっていない状態からスタートするわけですから、当然、こちらの提案は十全な形で相手に伝わる状態ではありません。まったく違う解釈をされている可能性もあります。ですので、まず、新しい解釈の枠組みを共有していく取り組みからスタートすることがとても重要になってきます。

それが3回実施された「勉強会」の持つ意味です。橋が架かっていない状態では、一方的に説得をしても、なかなか受け入れがたいこともありえます。

やるべきことは、冷静に橋を架けていくことであって、相手に必要以上の期待をしている自分を眺めてみると、やれることがもっとあると気がつけるはずです。実は、思っているほどには状況はそんなに悪くない、ということはあるはずなのです。

さらに、顧客の声をちゃんと利用したことも、対話的であったと言えます。上司たちからすれば、前例がない取り組みであれば、それがうまくいくのかという心配をします。これを過剰に保守的だと非難しても物事は先に進みません。彼らの懸念をよく観察し、それを少しでも減らせるように取り組んだことは、重要であったと言えるでしょう。

全社的な事業戦略に即して新しい取り組みを位置づけた点も対話的に意味があったと思います。

いわば、戦略的な文脈づくりを行ったわけです。自社の事業戦略の中に新しい取り組みを位置づけて示すことで、上司たちからすれば、経営陣に提案する上でも、正当性の確保がしやすくなります。これは、上司たちが抱える心配をよく観察した結果生み出せた実践であると言えます。

新しい取り組みをしようと考えている方は、日頃から事業戦略の方向性をしっかりと認識しておくことが大切です。それに沿っていれば、トップから資源配分を受けやすくなるからです。もしアイデアがあっても、直近の事業戦略としてはあまり文脈が見つからないときは、無理をせず機が熟すのを待つことも大切でしょう。

つながりの再構築で孤立を解消する

下の立場の人には、いくらでも上司を悪者にして自分を正当化する逃げ道があります。これに比して、上に立つ人々には、そうした逃げ道がありません。そして必要以上に被害者としての自分を感じてしまって、メンバーを信頼できなくなってしまうことがあります。その結果、組織の改革を推進したり、新しい取り組みをしたりする際に、「自分に見えている問題が部下には見えていないので、その危機感をわからせてやろう」と、必要以上に締めつけ、厳しいKPIや目標管理の施策を展開するということがよくあります。

このことの問題はナラティヴの溝によって生じる孤立にあると考えられます。そして、その溝が生み出す適応課題に対して、対話的に取り組むことを回避するために、上記のような過剰な管理が生じてしまうわけです。

上司は、様々な不満があったり、困っていることがあったりしても、なかなかそれをわかってもらえる相手もいないことが、様々な施策を次々とやろうと外部のコンサルタントを利用するなど、ある種の依存症的な行動へと走らせる要因になっているとも言えます。

このような**「孤立状態」**を解消していくことは、組織を変革していくためだけでなく、部下や社員の離反を防ぐという意味でも、また、上の立場の人たちが冷静に自分の部署や会社の問題に向き合っていく上でも、非常に重要です。

では、そのためには何が可能でしょうか。対話のプロセスを回しながら、**縦（上下）のつながりをもう一度作り直していくことと、横（同じ目線や立場の人）とのつながりを作っていくこと**が有効だと言えます。

縦のつながりを考える上で大切なのは、上の立場の方が行っている仕事を共有することです。基本は、上司が困っているならばそれを共有することに取り組んでみるとよいと思います。上司は部下よりも優れていなければならない、というナラティヴを一度脇に置いて、自分の置かれている状況をどのくらい部下たちはわかっているか、ということを観察することです。そうすると、打てる手が色々と見えてきます。

例えば、上司が仕事に追われて忙しいという状況を考えてみましょう。仕事が忙しくなる大きな要因のひとつは、部下に任せるよりも、自分でやったほうが早いために自分でやってしまうということが続くからです。しかし、これを繰り返していくと、部下も育ちませんし、自分は忙しいままです。

ある企業では、上司が自分の仕事を棚卸しした上で、部署のメンバーを集めて、それらの中からやってみたい仕事、できそうな仕事に手を挙げてもらい、分担してもらいました。

この棚卸しと挙手による分担は、準備─観察─解釈─介入を一気に行っています。まず、棚卸しをすることとそれ自体が、上司がなんでも自分の力で解決しなければならないというビジネスの現場における常識の枠組みから作られた「上司のナラティヴ」を少し脇に置く実践です。

そして、自分が先回りして仕事をしてきたことで忙しくなるのに加えて、部下も育たないという状況になっていたパターンを眺めることにもなります。自分の部署のメンバーとメンバーの関係へのよい観察になると言えるでしょう。さらに、部下がどんなものに手を挙げるかもとても大切な観察になるはずです。なぜその仕事に手を挙げたのかを考えたり、意外な関心があることに気がついたりしました。

さらに、この行い自体が、部下と同じように、自分も苦労を抱えている人間であるということから、お互いの枠組みの溝に橋を架ける介入にもなります。お互いに苦労を抱えている存在であるという点においてつながることができれば、孤立も少し和らいでいくのではないでしょうか。もちろん、自分の仕事の忙しさを減らすこともできるでしょう。もちろん、その結果として、「高い給料をもらっているんだから難しい仕事をするのは当然だ」というような反応を受けるかもしれません。

その反応自体は、メンバーとの信頼関係の構築に課題があるということを示す、よい観察の材料になります。どのような関係を今まで構築してきたのか、どういう課題があるのかを考える必要があるでしょう。

そもそも組織とは、個々の人間の限界を協働することで乗り越えて、より大きなことを達成するためのものです。協働のためのシステムとしての組織を再構築していく上で何よりも大切なことは、お互いに協働する実践をもう一度作っていくことに他なりません。上と下の関係であっても、それはまったく変わるものではないのです。

もうひとつ、横のつながりも大切にしていただきたいと思います。

かつて日本的経営論が世界的に評価され、さかんに議論された1980年代は、企業社会のひとつの規範として終身雇用が想定されており、生え抜きの社員も多く、中途採用は今ほど多くありませんでした。しかし、ずっと中途採用を行ってこなかった老舗の企業ですら、最近では中途採用を行うようになっています。多くの企業においては、同期入社での社内の横のつながりというのは、もはやほとんど成立しない世界になっています。

そうすると、近い視座や苦労を持った人と、仕事について相談し合うということはどうしても難しくなっているのが現状ではないでしょうか。こうしたことからも孤立感が深まっているように見えます。

最近では、SNSなどを介し会社を横断した交流活動もいくつも立ち上がっていますし、こうした取り組みもインフラとしてはよいつながりだと思います。

しかし、こうした中でできるつながりは、あくまでも弱いつながりに留まっています。これら弱いつながりは、そのつながりを意味づける強いつながり・意味づけのための確固たる枠組みがあってこそ、初めて機能します。つまり、つながりが闇雲に増えても、特に孤立や課題が解消されるわけではないということです。

むしろ重要なのは、そうした**弱いつながりを機能させるための強いつながりをしっかりと作っていくこと**であると言えます。これは過去の閉じた企業内のつながりに戻ることではなく、新しいつながり、共同体を新たに構築していくことを意味します。

例えば、中途採用の多い企業の取り組みとしても、同じ階層の人同士でじっくりと時間を掛けて、お互いの課題を共有し、アドバイスし合うような取り組みを制度として設けているところもありますが、こうした取り組みは今後より重要になると言えます。

また、企業間の共同体の構築も大切ですが、そのための作法としては、何か新しいことに取り組むことに軸足を置くのではなく、自分の抱えている苦労を共有することに軸足を置くことであると言えます。日頃職場で語ることがなかなかできない苦労を語ることによって、孤立が解消されていくからです。そして、それについてお互いにアドバイスをし合えるような関係を構築できれば、ここもひとつの居場所として生かしていくことができるようになるでしょう。

インテルはなぜ戦略転換できたのか

企業の戦略転換という極めて大きな適応課題に対して、ミドルマネジャーたちが対話的に挑んだひとつの興味深い事例をご紹介したいと思います。それは、インテルが1980年代に行った戦略転換の事例です。

インテルはもともとDRAMメーカーだったのですが、1980年代に当時の新興企業であった東芝などの猛烈な追い上げを食らい、急速に収益が悪化していました。主力事業はDRAMでしたので、これはインテルにとって大変な危機であったのは容易に想像がつきます。しかし、そこには既存戦略を転換しなければならないとわかっていてもなかなかそこに踏み込めないという巨大なギャップ型の適応課題が横たわっていました。

当時インテルの経営者だったアンディ・グローブは、創業者のひとりのゴードン・ムーアとそのとき話し合いました。そこで、自分たちが株主だったら、DRAM事業から撤退するはずだ、という結論になりました。しかし、主力事業を撤退するということは大変なことです。そもそも撤退それ自体が簡単ではないですし、それ以上に、別な事業の軸がなければ、会社の解散を意味することになるからです。

ですが、インテルの社内には、別な新しい事業の軸がありました。それは、CPU事業です。これがあったからこそ、今日のインテルがあるのです。今や、私たちが使うパソコン用CPUのほとんどがインテル製ですが、このときの戦略転換があって、今のインテルの姿があります。これによって、ギャップ型の適応課題を大きく緩和させることができたのです。

もちろん、天才経営者のグローブは、後に「Intel Inside」キャンペーンや、ウィンドウズとのタッグを組んで見事に成長させ、インテルは業界トップのCPUメーカーになっていくのですが、それは1980年代のCPU事業への戦略転換があったからです。

ところで、なぜインテルの中には、CPUという新たな事業の軸があったのでしょうか。グローブは、『インテル戦略転換』の中でこのように述懐しています。

最も大切な教訓を述べよう。インテルの事業内容が変化し、経営陣がより高度なメモリー戦略をめざして議論を戦わせ、勝算のない戦争をどう戦えばいいか模索し続けていたころ、われわれの知らないところで、組織の底辺を支える社員たちは、戦略転換を実行する準備をしていたのだ。そのおかげで、われわれは生き残り、素晴しい未来を手に入れることができたのである。

何年もの間、経営陣が特別な戦略上の方針として指示したからではなく、中間管理職の日々の小さな決断が、拡大するマイクロプロセッサー事業に生産資源をより多く投入していたのだ。生産計画の担当者や財務の担当者たちは机を囲み、生産資源をどう配分するかで議論を続け、損失を出していたメモリー事業から、マイクロプロセッサーのような利益率の高い商品構成へと、シリコンウェハー製造能力を少しずつ移行させていたのだ。彼らのような中間管理職が、毎日の仕事をこなしながらインテルの戦略的な姿勢を調整していたのである。われわれがメモリー事業からの撤退を決めたときには、既に八つあったシリコン加工工場のうち、メモリー用工場はわずか一カ所しか残っていなかった。彼らの行動があったからこそ、撤退の決断がもたらす結果がそれほど深刻なものにならずに済んだのである。

グローブのこの述懐は大変興味深いものがあります。インテルの戦略転換のための新たな舵を切る先は、現場のミドルの人たちがしっかりと用意してくれていた、だから舵を切れたのだ、と述べているわけです。あの天才経営者と言われるグローブでさえ、彼一人の力ではインテルの戦略転換を完遂させることはできませんでした。

つまり、グローブを天才経営者と呼ばせるに至る判断のための材料を用意したのは、現場のミドルマネジャーたちだったのです。そして、彼らミドルマネジャーがCPUを作る判断を生み出したのは、現場の一線で働く人々のひたむきな仕事への取り組みの中で得た、新たな事業機会の気づきでした。これらをミドルの人たちはしっかりと育て、そして、今日のインテルの成功の基盤を築いたのです。

なぜこの一節を引用したのかもうみなさんにはおわかりいただけることでしょう。既存戦略の転換という巨大なギャップ型の適応課題に対しても、下から上へ対話的に働きかけていくことは、企業の存亡にとって欠くべからざる、最も大切な取り組みだということです。新しいアイデアや事業機会を、対話を通じて、組織の中のナラティヴの溝に橋を架けて生き延びさせることは、企業の来るべき戦略転換にとって、極めて重要な財産になるということです。

もしも今、日本の企業が衰退しているのだとすれば、この対話する力、新しいアイデアが生き残れるように、組織の溝に橋を架けていく力が弱っているからではないでしょうか。

一方で、橋を架けることを怠ってきた結果、新たな事業の開発が滞り、これだけキャッシュが大手企業に余っている時代であることも忘れてはなりません。うまく対話に取り組む力を磨いていけば、余っているキャッシュを活用しながら、大きなチャレンジをすることも不可能ではない時代だと見ることもできます。そう考えると、とてもワクワクすることではないでしょうか。

　対話は戦わない戦いに挑むことであると同時に、仕事の意味を深め、仕事の楽しさを大いに深めるものでもあるのです。

［第5章］
実践3・
権力が生み出す
溝に挑む

この章では、マネジメントをする立場の人がどのように組織の適応課題に対して対話を実践していくのかについて見ていきたいと思います。

主に経営者やマネジャークラスのマネジメントをする立場の人たちは、業績を上げなければならないというプレッシャーがある一方で、それを実現する役目を担う現場が思ったように動いてくれなかったり、部下が育たなかったり、様々な課題に直面しています。適応課題の分類のいずれもが絡み合った問題として生じてくる場合が多いです。

マネジャーや経営陣と現場との間では、ギャップ型や対立型が生じやすいのは想像できますが、潜在的には抑圧型や回避型も入り混じってきます。そのため、非常に難しい取り組みが求められています。

これらの課題に対しても、本書の対話の実践はどのように使えるのか、見ていきましょう。

現場を経営戦略を実行するための道具扱いしない

多くの組織で改善をしようと経営陣が施策を講じても、現場が十分にそれに反応してくれないということはよくあります。事業戦略と個々人の行動の整合性の可視化を図るために、ＯＫＲの導入や目標管理制度の導入などは近年よく行われていますが、今ひとつ効果が上がっているように見えません。

それどころか、そうした取り組みとは相反するように、仕事は数字を達成するためのものだ、という仕事の無意味化に伴うモチベーションの低下や、低い目標設定をしたがる現場と高い目標設定をしたがる上司のせめぎ合い、離職、メンタル疾患罹患者の増加といった、およそ目指しているものとはまったく違う現実であったりします。

この問題を真正面から受け止め、組織の溝に橋を架けた事例として、『リーダーの現場力』を書いた迫俊亮《さこしゅんすけ》さんの事例を紹介したいと思います。

迫さんは、プライベート・エクイティ・ファンドのユニゾン・キャピタルから、主に靴修理などを行う会社「ミスターミニット」に改革を担う1人として派遣されます。しかし、様々な戦略やサービスをいくら本社側で考えても、実際に現場が実行しないという問題に直面します。

このときに、最初は迫さんは、「現場はわかっていない」と思っていました。自分が考えた施策を全然実行しないのを見て、現場の人たちは会社の置かれている危機的な状況がまるでわかっていないと憤慨するのです。

しかし、現場を見に行ったときに、迫さんは現場の人がなぜ施策を実施しないのか、実は事情があるようだということに気がつきました。この段階で、自分のナラティヴを脇に置いて、対話への「準備」をすることができたと言えるでしょう。

迫さんが現場を丁寧に観察する中で気がついたのは、現場は現場なりに、自分たちの置かれている状況に適応するために、本社から発せられる新しいサービスメニューなどの施策を実行していないということでした。

具体的には、業績が悪化する中で、現場はしっかりとした研修も受けられず、サービスメニューが増えると、かえってサービスクオリティが落ち、客からのクレームが発生するという問題が起こるため、上からのサービス追加の指示をやり過ごさざるをえなかったのです。

現場は現場なりのナラティヴの中で合理性があってそうしていたわけです。

さらには、現場からそのような問題点を指摘して、エリアマネジャーなどに上げても、本社が聞く耳を持たないため、エリアマネジャーは声を上げることもできず、板挟みの状況に置かれていたこともわかりました。エリアマネジャーと飲みに行くと、いつも酷い酒の飲み方をしていたのも、これで理由がわかりました。

つまり、現場が動かないのは、下の声を聞き入れない上の責任でもあったことがわかったわけです。彼の言葉で表現するならば、現場が腐っていたわけでもなければ、経営が怠けていたわけでもなく、**「現場と経営を繋ぐ配管が腐っていた」**というわけです。これは、対話のプロセスでとらえるならば、ナラティヴの溝に橋が架かっていなかった問題だと言えるでしょう。

お互いにそれぞれの枠組みの中では正しいことを主張しているのですが、相手のナラティヴに溝があることが見えていないために、相手にとって意味のある施策を講じることができず、お互いに非難し合っている状況にあったのが、かつてのミスターミニットでした。これをよく観察したことで、「配管の問題」であると気づくことができたわけです。

その後、社長に就任した迫さんは、現場との対話を丁寧に重ねながら、人事制度の改革など、具体的な施策を次々と講じてミスターミニットの現場と経営の溝に橋を架けていきます。

しかし大切なのは、何をやるか以前の準備として自分のナラティヴを脇に置き、しっかりと観察を具体的に積み重ね、解釈を構築していたことです。これなくして様々な施策が芯を喰うことは決してなかったでしょう。

仕事のナラティヴの中で主人公になるには

部下や社員はなぜ育たないのでしょうか。この問題は、部下を持つあらゆる階層で発生します。直属の上司部下の関係でも起きますし、大きなところでは、経営者の交代（とりわけ創業者から二代目への事業継承）でも生じます。

ここでぜひ考えてみたいのは、そもそも人が育つとはどういうことかということです。

仕事に対して必要な能力がその人の中に形成されることを人が育つと理解している人は多いと思います。だから、その仕事と能力の差を埋めることが、育成であるという考え方で、一般的には研修が行われたりしています。確かにそれも大切なことでしょう。しかし、私は、**人が育つというのは、その人が携わる仕事において主人公になること**だと考えます。先に述べた仕事で必要な能力がその人の中に形成される、ということについてもう一歩踏み込んで考えてみると、それは、当該の人ではなく、誰かが決めた仕事全体の中で、部品としてその人が機能するようになることを意味します。しかし仕事の主人公になるとは、その人の仕事の中において、そうした「能力」を生かしていく存在になっていくことであると思います。

つまり、その人のナラティヴの中に、様々に学んだことが意味のあるものとして位置づけられるようになる必要があります。この相手なりの仕事のナラティヴの形成という側面を抜きに、「能力がない」と一方的に決めつけても、意味の感じられないことに頑張れないのは当然です。結果的には能力も伸びませんし、場合によっては辞めてしまうかもしれません。

この主人公、ないし当事者としての側面がうまく構築されていかないと、いつも頑張っているのに認めてもらえない(他者視点での自分の評価に依拠している)、仕事の意味を感じられない(生活のためにつまらない仕事を我慢している)、自分が生かされていない(自分のために組織があるという過度な自己意識)という状態から抜け出せないまま、悶々として過ごすことになります。

事実、内閣府の調査(国民生活に関する世論調査 平成26年度)でも、「お金を得るために働く」と回答した人は51%であるのに対して、「社会の一員として、務めを果たすために働く」と答えた人の比率は14・7%しかおらず、さらには「自分の才能や能力を発揮するために働く」と答えた人は、わずか8・8%しかいませんでした。

このような状態の人に、いくらタスク遂行能力を身につけさせようと、研修をしたり、本を読ませたり、色々と過去の話を聞かせたり、どんな努力をしても、結局それは、当人の人生にとって意味が感じられないので、忘れていってしまいます。結果、「能力」すら大して向上しないでしょう。

誤解のないように申し上げますが、能力開発が無駄だと言っているわけではありません。それ以前に、仕事におけるナラティヴを形成していくことが疎かになっているという問題があると言っているのです。だから、上司の視点と尺度で「部下の能力を向上させよう」というナラティヴを一度脇に置くことが大切なのではないでしょうか。一度脇に置いた上で、対話のプロセスを大切にしながら、**部下が仕事のナラティヴにおいて主人公になれるように助ける**のが上司の役割なのではないでしょうか。

仕事のナラティヴにおいて主人公になるというと、「主体性を発揮すること」だと理解される方もいらっしゃるでしょう。そして、主体性を発揮しない部下に不満を感じているかもしれません。

しかし、友人同士の関係性では活発な人間が、仕事では主体的でないというような場面を考えてみると、これはそもそも主体性の問題なのでしょうか。ここでいう「主体性」とは何なのでしょうか。

実は主体性を発揮してほしいと思うことは、こちらのナラティヴの中で都合よく能動的に動いてほしいと要求していることがほとんどです。そして、今の職場のナラティヴの中で活躍できる居場所を失ってしまっているので、「主体性がない」ように見えるに過ぎません。

部下のナラティヴに迎合する必要はありませんが、あなたのナラティヴとの溝に橋を架けていくことが大切です。そうすることで部下もまた、仕事のナラティヴの中で、居場所を見いだし、活躍できるようになるからです。

そうして部下を助けることは、あなたを助けることにもなるでしょう。

あなた自身もまた、過去にも苦労をしながら、仕事のナラティヴの中で居場所を見出してきたし、そこに苦労があったからこそ、部下に育ってほしいと願っているはずだからです。

権力の作用を自覚しないとよい観察はできない

マネジメントをする際に気をつけたいのは、上の立場の人間、とりわけ経営陣は強力な権力を持っているため、現場の人たちがいつも素直に自分に話をしてくれることはない、ということです。

権力を自覚せずに観察を試みることが観察を失敗させます。権力を自覚することは、上の立場の人にとって大切な対話の準備段階であると言えます。

具体的には、現場の人間と直接「対話」を試みることです。ここで言う対話とは、集会やワークショップなどの形式で行われる対話のことです。従って、本書で言っている溝に橋を架けるという意味での対話とは異なるものです。

昨今、組織開発への関心の高まりから、「対話」のためのワークショップを全社的に行ったり、全社員と順番で食事会を行ったりして意見交換を経営者が実施するなどということは、それほど珍しくなくなりました。

車座になって、経営者を交えてじっくりとお互いの考えを交換し合う時間は、美しい一時のようにも見えます。経営者は社員の言葉にしっかりと耳を傾ける覚悟で話を聴いています。しかし、考えてみてほしいのは、下の立場の人間が語ることは、「経営者としてのあなた」に対して語っていることだということです。

そこで語られることに権力が作用していることに無自覚になってしまうことは、極めて危険であり、そこで見聞きしたことを「あのとき社員は賛成してくれた」などと思って様々な意思決定を下したりするのは、大きな間違いです。あくまでも、あなたの立場を慮った上での発言に過ぎず、そのような場所で自分が知りたいことが語られることは、ありえないと考えたほうがよいでしょう。

無論、そうした取り組みは無駄ではありません。どういう姿勢で社員と接しようとしているのかを伝えることにはなります。しかし、その認識自体も「社長が」話を聞こうとしている、という解釈になっていることはよく目を向けておくべきです。集まってくるのは、社長がいるからです。社長がいると集まるのはなぜでしょうか。答えは明確です。

また、ワークショップなどではない形でも、「なんでも意見を言ってきてほしい。いつでも歓迎です」という経営者も多いです。稀に勇気を持って意見を言う人がいるかもしれず、確かにそのコミュニケーションチャネルを用意することに意味はあるものの、これがこちらの意図どおり、本当に何でも言ってきているのだと思っていたら、それは見通しが甘いと言わざるをえません。

経営者の方の多くは謙虚で、自分は現場と同じ目線で意見を聞くつもりがあるという方も少なくありません。しかし、現場とは世代も違いますし、入社したタイミングも当然違うので会社に対するイメージもまったく違います。また、若い社員とは一緒に働いたことも、場合によっては話をしたことすらない方が多くいます。そのような人たちが、自分に素直に意見をしてくれるわけではないのです。

権力を持っていることに自覚的でなければ、自分が見たい現実だけを見ることになります。それは対話ではありません。**自らの権力によって、見たいものが見られない、という不都合な現実を見ることこそが対話をする上では不可欠なのです。**

部下が「弱い立場ゆえの正義のナラティヴ」に陥りやすいのと同様に、責任と権限のある上の立場の人間も、責任者特有のナラティヴに知らず知らずのうちにはまってしまっている罠があります。

現場は経営施策を実行するための単なる道具ではありません。また、経営陣も現場の満足のための道具でもありません。つまり互いに「私とそれ」の道具的な関係だけであっては、対話はできません。よりよい事業を通じて、社会に位置づけを得るべく、顧客を生み出していくために、お互いがかけがえのない関係性を構築できれば大変に素晴らしいことです。

しかし、「私とあなた」であるはずの組織メンバーを道具として「私とそれ」の関係性のみで用いようとすれば、どこかに現場をうまく動かす方法がないかと思案を繰り返すようになります。そうしたことは、現場には思っている以上によく伝わります。そして現場は、その結果として、道具として経営陣を見るようになります。面従腹背や仕事に対する低いモチベーション、足を引っ張る文化などはこうして生み出されます。

常に「私とあなた」でいる必要は当然ありません。とりわけ実行が重要なフェーズでは、道具としての関係性は非常に重要です。しかし、その道具的な関係性の中で何かうまくいっていないことがあったときには、対話を実践することが必要になります。

マネジメントスタイルを組織のナラティヴに合わせて変える

別の経営者、レッドハット社のCEOのエピソードをご紹介しましょう。ジム・ホワイトハーストは、元々ボストン・コンサルティング・グループのコンサルタントで、デルタ航空の経営再建をCOOとして担った人物でもあります。

彼が、デルタ航空にいたときは、様々な大量の資料をバインダーに挟んで持ち歩き、ロジカルな議論で物事を動かしていく「バインダーのジム」と呼ばれていました。いわゆる典型的なビジネスエリートのリーダーでした。しかし、後にレッドハットに転職し、大きな変化に直面します。

レッドハットは、Linux（オープンソース・コミュニティで作られた主にサーバーマシンを動かすためのOSで、現在世界で最も堅牢なOSとして知られている）の最大のディストリビューターとして知られている企業です。レッドハットはオープンソース・コミュニティとの親密な関係の中でビジネスをしているため、彼らの組織文化もまた、オープンソース的な民主的で共同体的な文化でした。そこに、バインダーのジムがやってきたときのエピソードです。

デルタ航空にいたころの私が率いていたのは、ピラミッド型組織のなかで育ち、指揮命令系統に忠実に従う人々からなる巨大な組織だった。そのためレッドハットに来て、まずはチーム全体に対する信頼と影響力を自分で勝ち取らないことには組織は動かないと気づいたときは、大変な驚きを感じた。たとえばレッドハットにやってきた当初、私はある調査レポートの作成を指示したつもりだったが、数日後にその仕事を依頼したメンバーに進捗を確認したところ、「あぁ、それは意味がなさそうだと判断したので、やめておきました」と無邪気な返事が返ってきたのだ。

これは他企業の役職者たちには、なかなか受け入れがたい考えのようだ。他のCEO連中にこの話をすると、誰もが驚きの声を挙げる。「上司の指示を聞かないだと？ 業務命令に従わない奴らは、首にするべきだろう!」。私も最初はそう思った。だが、実際のところ、その仕事を却下したチームの判断は正しかった。それは確かによいアイデアではなかった。そして何よりも重要なことは、私自身、なぜその仕事に取り組むべきか十分に説明できていなかったのだ。命令を下す能力によってリーダーの実効性が計られる時代は、終わったのである。

ホワイトハーストの経験したことは、それまで彼が築き上げてきたキャリアから考えても、旧来のリーダーの常識的なナラティヴから考えても、かなり強烈な出来事であったと想像できます。

こうしたときに、旧来のリーダーの在り方の常識のほうへ寄せるようにマネジメントをする方もいると思いますが、彼の優れたところは、一度自分のナラティヴを脇に置いて、**彼のアクションに対する周りのリアクションが一体何を語っているのかをよく観察した点**にあります。

観察から得たことを解釈して、「私自身、なぜその仕事に取り組むべきか十分に説明できていなかった」との気づきを得たことによって、彼はこのオープンなコミュニティ的組織をよりよく機能させることに自分の役割を見出していきます。

自分の役割を見出すことを別な言い方をするならば、それまでリーダーについての世間の常識によって表に出されることのなかった自分の側面を語り紡いでいったと言うことができるでしょう。後のホワイトハーストは、オープンソース的なレッドハットの文化のよい擁護者になりました。

回避型における対話のポイント

権力を振りかざし、人を従わせるような「リーダー」は、なぜそんなことをするのかというと、それ以外の方法がわからないからだと言えます。ある意味で、その組織で他者に対して、自分を提示する他の術がないことが、彼／彼女をそのように振る舞わせるのです。

レッドハットほどの自由でフラットな組織であったからこそ、ホワイトハーストはこのことに向き合わざるをえなくなり、自らを変える機会とすることができました。しかし、多くの企業は、レッドハットほど組織メンバーに権限委譲がされていないので、上に立つ人間が、こうしたことに気がつくことはより難しいのだということを心に留めておく必要があるでしょう。

ですが、私たちの手の内には、その「リーダーシップ」の不快さがどこか残されていることも知っています。部下を「正しい言葉」で平手打ちしたときの不快感、上に立つ人間なのだから、自分だけは特別扱いを受けて当然であるということへの違和感、そういったものは、いくら論理的に正しくても、私たち自身に常に語りかけてきています。

この不快感、違和感に向き合い、新たな橋を架けていくことが、人を動かし、育て、自分も変わっていく道を切り開きます。だからこそ、上に立つ人には対話に挑んでいただきたいと思うのです。

そのためには、私たちがわかっていないことに目を向けること、そして、そのことから目を背けないこと、恐れや不安を持っていることを認めること、そして、大胆に橋を架けていくことです。

対立から対話へ

私が対話の実践を積み重ねていくことが大事だという話をすると、よく「世の中が急速に動いていく中で、こんなことにかかわっている時間がもったいないと思うんですけれど」と言う方がいます。ですが、どんなにスピードが速かろうが、現実に置かれた状況の中で、観察から得られたものを用いて、橋を架けていくという対話には、普遍的な重要さがあると私は思います。

事実、アメリカ系の投資銀行の方と以前お話をした際にこんな話を聞きました。彼らの企業では内部での判断をするとき「うちの場合、無理矢理にでも数値化して、ほらこの数値がこれをやるとこういう風に改善しますよ、だからやるほうがよいですよ、と話をします。数字だと公平ですから」と答えていました。つまり彼らのナラティヴは数字と数字の解釈に依っているということです。

その組織のナラティヴは、数値的に説明をすることができれば、組織の中で新しい取り組みの正当性を得ることができるということです。ある意味で、これは数字を用いて相手が受け入れ可能な言語へと翻訳作業をしていると言っていいでしょう。これが別な企業では、数字のプレゼンテーションではなく文書化するという場合もありますし、対話の実践は企業ごとに様々あります。

誤解しないでいただきたいのですが、数値化しろとか、数値化ができないことで判断するのが非合理的だと言っているわけではありません。そうではなくて、洋の東西を問わず、**それぞれの組織にはそれぞれの橋の架け方がある**ということです。橋の架け方は違っても、橋を架けなければならないのは同じだということです。そして、そのための材料は、既に手元にあるのであり、そこから始めなければならないということです。

また、最近ではメディアを利用するという方法もあります。自分の権限の範囲で、新しい取り組みをやってみて、それを外部のメディアに取材してもらうという方法です。ウェブメディアが色々とあり、活用しない手はありません。メディアに報道されることで、こちらのナラティヴがうまく伝わった上で外部からも価値があるとか、面白いというお墨つきを得られたように感じる方が増えるため、社内の淘汰圧力が軽減される可能性もあります。

このように、橋を架けるためならば、言葉で話し合う以外にも新しい関係性を構築できそうなことを試してみるのが大切です。

やり方は、組織によっても色々あるでしょうが、基本は、権限を持った人のナラティヴを観察し、彼らが判断することができる状況を作ることです。そのことをしっかりと見定めておけば、事業推進のスピードを上げることも不可能ではないでしょう。つまり、対話をしている時間がないのではなく、対話をしないから前に進まず時間がなくなっていくのです。

ここまで読んでくださった方はどこかで感じているかもしれませんが、**対話は不要な対立を避けるための行動**です。戦えば必ず勝者と敗者が出ます。戦って相手を倒すことを目指すのではなく、戦わないこと、いかにして敵を味方にしていくことができるかにあらゆる能力を用いていくことです。

従って、知恵を使って戦いは避けるべきです。中国の古典で戦略思想書として有名な『六韜《りくとう》』の中で太公望は「全勝は闘わず、大兵は創《きず》つくことなし」と述べています。戦わなければ負けない、戦わないほうがよいと言っています。

戦わないための方法は2つあり、ひとつは敵前逃亡することでしょう。それも時には必要です。「三十六計逃げるに如かず」という言葉もあるくらいですから。

しかし、もうひとつは戦わなくてよい状況、つまり「新しい関係性」を作ることです。そのためには、敵を味方にすべく、準備―観察―解釈―介入のサイクルを回すことを怠ってはなりません。

ドラッカーは、初期の著作『産業人の未来』で、このように述べています。

われわれは、未来を語る前にいまの現実を知らなければならない。なぜならば常に現実からスタートすることが不可欠だからである。しかもわれわれは、すでに手にしているものによって初めて必要とするものをつくりあげることができる。手にしていたいものを発明することからスタートすることはできない。

今手にしているものに目を向け、その現実から始め、着実に橋を架けていくこと、それが組織の未来を作ることになるのです。

［第6章］

対話を阻む5つの罠

これまで私たちは、対話を通じて組織の溝に橋を架け、新たな関係性を取り結んでいくこと、つまり、人と組織を動かす「実践」について考えてきました。

対話に挑む中で、実は陥りやすい罠も同時に存在しています。厳密に言えば、対話に挑んでいるつもりで、対話になっていない状況に陥るのです。

主に左記のような問題が、対話をしている中で陥りやすい罠として挙げられます。

①気づくと迎合になっている
②相手への押しつけになっている
③相手と馴れ合いになる
④他の集団から孤立する
⑤結果が出ずに徒労感に支配される

それぞれについて考えていきましょう。

対話の罠①「気づくと迎合になっている」

相手と接点を作っていくこと、これが橋を架けることにおいて、極めて重要です。とりわけ、組織の上下関係で言うならば、下の立場の人が、上の人に理解をしてもらう際に、権力の壁に阻まれてしまいうまくいかないこともよくあります。

よく私が対話について講演すると、高い頻度で受ける質問は、「対話と迎合（ないし忖度《そんたく》）の違いを教えてください」というものです。何が違うのかを一度整理しておくことは大切でしょう。

本来忖度とは、相手の気持ちを推し量る、というだけの意味合いですが、昨今の文脈で使われる忖度とは、相手におもねること、つまり、自分の考えを尊重せずに、相手の考えのとおりに自らの考えや行動を変えることを意味しています。これは、相手へ隷属すること、自らが気づいた課題意識や問題点を見ないようにすること、すなわち、諦めることを意味しています。**対話のプロセスで言えば、橋を渡ったまま帰ってこない**のと一緒です。

一方、対話とは、相手との違いを前にしている「にもかかわらず」、相手との間に新たな関係を生成させるべく橋を架けることに挑むことを意味しています。実践に挑む私たちにとっては、これが現実の中での違いはどの程度のものかということを考えておくことは重要です。

そもそも私たちは何のために対話に挑むのでしょうか。それは、ハイフェッツの言葉で言うならば「適応課題」を乗り越えていくため、別な言い方をするならば、自分と組織とひいては社会にとって、なすべきことをなすためです。自分にはそんな高邁なことは関係ないと思うかもしれません。しかし、どんな仕事も誰かを支え助けているという意味で尊いものです。それはあなたも他者も変わることはありません。

だから会社の中で、事業の中に新たな機会を発見したとき、私や誰かの尊厳が傷つけられていることに気がついたとき、部署間や上下間の対立で物事がうまくいかなくなったとき、そのようなときに、私たちは、組織の溝に橋を架け、新たな物事に取り組める状況を作っていこうとするのです。

対話に挑むことを別な言い方をするならば、それは**組織の中で「誇り高く生きること」**です。つまり、成し遂げられていない理想を失わずに生きること、もっと言うならば、常に自らの理想に対して現実が未完であることを受け入れる生き方を選択することです。

当然、そのときには、その理想に反する現実があることに向き合わなければならないですし、時に、自分の理想が狭い範囲しか見ていなかったことに気づかされることもあるでしょう。我が身を切られるような痛みの中にあって、私たちはどうやってそのことを誇れるでしょうか。

それは、私たちが何を守るために、何を大切にしていくために、対話に挑んでいるのかを問い直すことによって可能になると私は確信しています。私たちは、何者なのでしょうか。何のために頑張っているのでしょうか。そのことを見定めることによって、私たちは、困難の前にあって、常に挫かれ、改められることが必然である暫定的な理想を掲げ続け、歩むことができるはずです。

相手を観察し、対岸に橋を架けることとは単なるその一過程に過ぎません。そのことは目的ではないのです。誇り高く生きることは、孤独であることを避けられません。しかし、その孤独ゆえに、他者に迎合するのではなく、孤独にこそ私たちの理想が刻まれていることを思い返すとよいでしょう。

自分には誇りなどないし、大した理想も持ち合わせてないと思う方もいるかもしれません。しかし、もしそうであるのだとしたら、なぜ私たちは悩むのでしょうか。

それは明確な形をしてはいないけれど、理想の断片が私たちの手の内にあるからではないでしょうか。しかし、それを日々の仕事の中で、諦めさせられているから、誇りも理想も持てないと思うのではないでしょうか。

それは特定の誰かによって「諦めさせられている」と言うよりも、むしろ、今置かれている状況自体が、「諦めるのが当たり前だ」ということを、私たちに日々刷り込んでいるのかもしれません。だとすれば確かに、困難な状況の中に私たちはあります。

しかし、そのただ中にあっても、私たちは誇りを持って生きる自由があります。そして、私たちの人生は、そのことを葛藤するに値するものではないかと私は思うのです。あなたが誇りや理想という言葉を聞いたときに感じるしんどさや痛みは、あなたの葛藤には大いに意味があるということをはっきりと指し示しているのだと思います。

可能であれば信頼できる仲間とそのことに取り組むのもよいアイデアです。**孤独を大切にするためには、孤立してはならない**からです。そのためには、信頼できる仲間が現れるのを待つのではなく、あなたが他者に信頼されるように働きかけることが大切です。信頼があって私たちが行動できるのではなく、私たちの行動があって信頼がそこに芽生えるのだということを忘れないでください。

そして、それが迎合や忖度に留まっていれば、必ず何か「違和感」に気がつくはずです。その違和感、つまり新たな「ナラティヴの溝」を定期的に眺めるのも悪くないでしょう。自分たちは何者なのか、ということを問い直した際に感じる違和感は、適応課題という新たな挑戦へと変わります。

対話の罠②「相手への押しつけになっている」

対話をすることは、誇り高く生きるために大切だと述べましたが、一方で、そうしたことに挑む人の力強さが、場合によっては、溝を作ってしまうことに繋がる場合があります。

とりわけ、経営上の責任を担う経営階層の人たちにとって、こうした問題はよく起きることではないかと思われます。とある大手企業に新たな社長が就任した際に、「危機意識を持ってもらいたい」と強く社員に訴えていました。社長としての危機意識は、おそらく様々な指標や冷静な経営判断から導き出されたものであろうと思います。それに挑むことは、経営者として素直に尊敬すべきことです。

しかし、「危機意識を持ってもらいたい」と社員に訴えかけて、それが実際に力を持って人々を動かすとはあまり思えません。なぜでしょうか。

それは当然、自分のナラティヴと相手のナラティヴが違うからです。だからこそ、この溝に橋を架けるような取り組みに焦らず着手することこそが、このトップの方にも求められています。このようなことは、これまでの章でも書いてきました。しかし、あえてここでも書くのは、もうひとつの理由があります。それは、権力の問題です。

権力があるということは、自由になんでも振る舞えると無邪気に思えるかもしれません。しかし、そうではありません。私は権力があることが、むしろ対話を妨げることのほうが多いのではないかと思います。

権力が対話を妨げるのは、関係性が変わってしまうからです。関係性が変わってしまえば、同じ言葉を発していても、相手のナラティヴの中では違う意味で受け取られます。しかし、権力のある人は立場が下の人よりもナラティヴの溝が見えにくくなります。明確な批判を受けたり、反対をされたりする頻度が減りますし、叱ってくれる人もいなくなるからです。

当然ながら、この問題を乗り越える簡単な解決策はありません。簡単ではないものの、大事にすべきことは、何よりも前の節で述べたように、互いの理想をまず再度確認することです。何をやりたくて、ともに働いているのかを問い直すことです。そうすれば、改めるべきところを改めることなど、小さな問題に過ぎなくなるはずです。

しかし、それでもなお、常にこの問題は存在し続けるのだということを忘れてはなりません。どのような対話の努力を重ねたとしても、いや、むしろ、重ねれば重ねるほど会社はきっと成長するでしょうから、規模が大きくなることによって、この問題が常に起き続けることは避けられません。上に立つ者は、そのことを受け入れなければなりません。

もちろんこれは経営者に限った話ではありません。部下ができたとき、先輩社員になったとき、そんなときにも同じような問題が常につきまといます。しかし、私たちはそれらに向き合い続けることを通じて、未熟に見える部下や後輩から、対話を学んでいるのだということを忘れてはなりません。

仕事を誠実に行えば、知識は身につき、スキルも向上するでしょう。しかし、それに伴って得た権力によって生じる新たな課題に気づき、それに挑むことを通じて、私たちは様々なことを学びます。それは、自身のためでなく、会社のためだけでもなく、**ともに働く他者と「新しい関係性」を更新し続け、言わば「連帯」しつつ、よい仕事を成していくこと**に他ならないのです。

対話の罠③「相手と馴れ合いになる」

対話を続けることとは、挑み続けることを必要とします。新たな関係性を生成するべく橋を架けることに取り組み、そして、それがうまくいくことは多くの方が経験するでしょう。

しかしそのとき、橋が架かった相手との間には、非常に強い結束ができる一方で、その結果として、かえってこの関係性を大切にしたいという思いが必ず生じます。

つまり、この**関係性を維持すべく、言いたいことが言えない「抑圧型」の適応課題が生じること**を意味します。これは、ある意味で、とてもよい関係が築けたことの裏返しでもあるために、難しい問題でもあります。しかしはたと立ち止まると違和感が残ることはあるはずです。

従って、何かおかしい、と思う違和感を表出することを恐れないでください。馴れ合いの結果排除される人が出ていたり、向き合うべき問題に向き合えていないことに気がついたならば、それを変えていくための行動を起こさなければ、何も変わりません。具体的に、ひとつひとつの適応課題を解決するべく、対話を実践していくことが必要なのです。

そのときは既にあなたは、今までの関係性から別れを告げ、新たな関係性を構築すべく、今までの関係性にある人との間に橋を架ける役割を担う存在に変わっているのです。その孤独を恐れずに、しかし、孤立しないように物事に取り組んでいきたいものです。

かつて日本経済が華々しく脚光を浴びていた１９８０年代、経営学の中心は日本的経営論でした。その頃の研究を少し紹介しましょう。

ひとつは、リチャード・T・パスカルとアンソニー・G・エイソスの『ジャパニーズ・マネジメント』です。この本には、当時の日本的経営への熱い注目をよく示すように、こんな言葉が記されています。

日本の生産性と業績を示す統計をはじめて見る人はまず最初に、そんなことはありえないといい、それから、とてもかなわぬと肩をすくめることが多いようである。自分たちとの違いがあまりにも大きく、「もっと日本式に近づくこと」は不可能なことだと思われるからだろう。だが本書のデータを収集しながら私たちは、アメリカの一流企業や有能な経営者の多くが、日本人とおどろくほど似通ったやり方をしているという強い印象をうけた。

今日のアメリカの問題点は、用具は眼の前にあるのに「物の見方《ビジョン》」のほうが限られている、ということである。アメリカの経営者のじつに多くが、経営上の固定観念によって自分を身動きできない状態にしているのである。その結果、アメリカ産業は着実に凋落の一途をたどっている。

アメリカと日本を入れ替えると、同じような状況が今の日本の企業社会にあるように思えるほど、真逆のことが書かれていることに驚きます。この頃の日本企業は、まさに、お互いに非常に強い結びつきを持って仕事をしていたことが窺える一節でしょう。しかし、今は真逆になってしまっていて、このようなことが起きてしまったことはなぜなのかと私たちは思い悩む日々にあります。その理由はいくつかあるように思います。

同じく、今日のアジャイル開発の元になった研究のひとつで、日本的経営の研究を通じて、ラグビー型開発（スクラム）を提唱した竹内弘高・野中郁次郎の1986年の「新たな新製品開発競争」には、このような記述があります。

ホンダの開発部門の担当重役は、次のように述べている。「それはチームのメンバーを2階にあげてはしごをはずし、後は飛び降りてこいよ、降りてこないやつはそれまでだ、というようなものですよ。人間はギリギリの極限状態まで追いつめられたところで、創造性が発揮できるんじゃないですか」と。

開発期間中、プロジェクトのメンバー全員が過剰ともいえる努力を要求される。チームのメンバーがピーク時には月100時間、その他の時は60時間の残業を記録する場合もあった。

確かにかつての日本的経営全盛期は、素晴らしいパフォーマンスを日本企業は示していました。しかし、当時の日本企業を調べてみると、例えば、竹内・野中論文に出てくるホンダの従業員数は、１９７０年代には2万人程度だったのに対して、現在では連結では21万人ほどになっています。

別な観点で見ると、20代後半の女性の労働力率は、１９７０年代は40%台で、１９８０年代に入ってやっと50%を超えます。結婚・出産を機に退社する、いわゆるM字カーブはこの時期は激しいM字型を描いていました。また、大学進学率は１９７０年代は全体で30%台でしたし、１９９０年代に入ってやっと男女差がほぼなくなってきましたが、それまでは10%程度の男女差がありました。

つまり、過去の日本企業では、男性の大卒者というかなり限定された属性の人々が中心的に活躍していたのではないかと推測されます。しかし、その後、グローバル化が進展して、ダイバーシティが大きく増した中で、かつての日本的経営は維持できなくなったと考えるのが妥当な解釈ではないでしょうか。

その一方で、様々なグローバル企業は、この頃に培われた日本的経営のエッセンスである組織文化の重要性、すなわち、会社と社員の関係性を良好なものにすること、仕事の意味の構築の重要性、あるいは、社員の成長を支える仕組みの構築の重要性を認識し、大きな成長を遂げました。

私から見れば、いわゆるＧＡＦＡと言われる企業は、日本的経営の研究のエッセンスをダイバーシティの高い環境でも実践できるよう見事に発展させた企業に見えます。

日本的経営の凋落を見ると、まさにここで取り上げているよい関係性にあったことによって、様々な課題を逆に乗り越えることが難しくなった事例のように見えます。つまり、今までの関係性を変えていかなければならないのはみなどこかでわかっていながらも、それを変えるのは面倒なので、手をつけなかった結果、変革が滞ってしまったということです。馴れ合いの関係が、ダイバーシティを著しく下げ、その結果、今日の停滞に至っているとも言えます。

どのような組織の関係性も、完璧というものはありません。関係性を生成していく過程のときと、生成されたあとの状態は大きく違います。生成されたあとに生じる不完全さを見ないようにするような関係性へ、徐々に変わっていくことは避けられませんが、だからこそ、私たちは常に不完全な状態にあるということを見続けなければならないのです。

先に取り上げた日本的経営のような大きなスケールでの問題は、もっともっと小さな単位、例えば、職場のチームの中で起きることとも繋がっているように見えます。チームにおいても、価値観を異にする新しいメンバーが加わった時、今までと違う問題に直面した時など、様々な自分たちの在り方を相対化される機会があります。しかし、そうした相対化される機会を見ないようにするか、それとの間に橋を架けて自分たちを刷新していこうとするかは大きな分かれ道です。

一度出来上がったものを変えていくことは、そうしたものが出来上がるよりも前から作っていくよりも大きな痛みが伴います。しかし、その痛みに意味を見出すことができれば、乗り越えようとする勇気が湧いてくるはずです。その意味を生み出すもの、それは、私たちの理想とすること、私たちが変えてはならない大切にしたいものなのです。

対話の罠④「他の集団から孤立する」

よい関係性が構築できたチームは、非常に強いものです。自分たちは素晴らしいと実感でき、日々仕事に当たることができるのは、非常に幸せなことです。

ですが、そうした自分たちと周りの人々との間に隔たりが生じてしまうこともあります。それは、組織の中の異能集団として、自分たちの地位が確立したことを意味するものでもあり、必ずしも嘆くような話ではありませんが、しかし、時に冷ややかな目で見られたり、話が通じなかったりすることも多いでしょう。

「いい取り組みなんだろうけれど、ちょっとあのノリにはついていけないよね」とか、「あの人たちのやっていることは、そんなに会社にとって意味があるのかね」とか、そういった冷ややかな言葉を陰に陽に言われるようなこともあるかもしれません。

「熱量の差」などという言い方をする場合もありますが、このような差に直面することは、チームとしての活動が大きくなってくると生じるものです。

しかし、考えてみるとこれは前に考察した馴れ合いになる問題にも通じるところがあり、よく注意しておく必要があります。つまり、組織の他の部署やいわゆる熱量の違う人たちとの間の差異にだけ私たちは目が向きがちですが、内側でうまくいっていると思われる人たちの間にもそのようなことが生じていないでしょうか。

なぜこのようなことを述べるのかと言えば、**チームの内側であってもナラティヴの溝が生じる場合があるから**です。それが顕在化するということは、何かエゴイスティックな状況になっている可能性を暗示しています。だとすると、それはチームの特定のメンバーが仕切ってしまっていて、実は違和感を感じているのにメンバーが表明できない抑圧型の適応課題が生じている可能性も否定できません。

従って、外側に対して溝を感じるときには、内側にも溝がある可能性を認識する必要があるかもしれません。

やはり、この段階においても、私たちは対話することを忘れてはいけません。内側における対話においては、あえて対話集会のようなものを実施することも悪くないでしょう。そのような場においては、他の部署や外部の人を交えて話をする機会も効果的かもしれません。一見すると、こうした場は、うまくいっていないチームにおいて必要なもののように思えますが、私たちが抱える問題は、本来私たちは常に不完全で誤りを避けられないにもかかわらず、「誤りが認識できないという誤り」を抱えている状態が、うまくいっている状態だと言えるからです。

外部に対して橋を架け続けることは大切ですし、それは言うまでもありません。チームとして孤立をしているならば、互いに結束を新たにし、橋を架け直し、そして、外側にもともに橋を架けていく、こうしたことを重ねることが大切です。

また、不完全さ、誤りを見つけることが大切だと述べましたが、そのために、あえて勝手の違う場所に乗り込んでみるのもよい方法です。かつて、社会学者のマーク・グラノヴェッターは「弱い紐帯の強み（The Strength of Weak Ties）」という論文を書き、非常に有名になりました。彼が述べたことは、人間間ネットワークという観点で人間を捉え直してみると、強いつながりの中にいると、新しい情報へのアクセスがなくなるという問題が生じます。逆に、弱いつながり、すなわち、日頃それほど接点の多くない人とのつながりは、日頃接点の多くない人が生きている、異なる強いつながりのネットワークへのアクセスを作るという意味で、大きな強みがある、ということです。

しかし、言うまでもなく闇雲に弱いつながりばかり増やしても、私たちは何も学ぶことはできません。私たちが、このつながりは弱いと認識できるほどの強いつながりを有しているからこそ、この弱い紐帯が大きな意味を持ってくるのです。

あくまでも自分や自分たちを相対化するものとして、すなわち、自分たちの固定化された信念や価値観、枠組み、そうしたものをもっとより広い人々と連帯していく可能性を探るものとして、新たなつながりに向き合い、単につながりを作るだけではなく、橋を架けていく、対話していくことが大切なのです。

対話の罠⑤「結果が出ずに徒労感に支配される」

対話に取り組んでも橋が架かる問題もあれば、架からない問題もあります。対話が成立しないことが続けば、誰しも疲れ果て、嫌になるものです。私の知る方々の中にも、会社の色々な課題を忙しい中で変えようと試みているものの、なかなかうまくいかず、疲れている人が何人もいます。

何よりも、そうしたときに大切なことは、辞めたり、休んだりすることです。よく冗談交じりに、「疲れたときには休んでください。大丈夫、適応課題はあなたが何もしなければなくなりませんから」と言うのですが、もしかしたら休むことで、適応課題が解消することもあるでしょう。そのときは、あなたが頑張りすぎていたことを意味しますし、それは今後のために大きな学びになるでしょう。

それに、どう頑張ってみても埒《らち》が明かなかったときは、職場を変えてみるのもよいと思います。アメリカの思想家ヘンリー・D・ソローも『ウォールデン 森の生活』でこう言っています。

賢い医者は病人に、空気と土地を変えてみては、と転地療法を勧めて、夢と希望を開きます。今いるこの場所が世界のすべてではないとは、なんと素晴らしい勧めでしょう。

今いる世界で精一杯努力することは大切ですが、しかし、それは世界のすべてではありません。それ以前に、そもそも疲れ果てる必要はないのです。疲れ果てるほど頑張るということは、確かに、そこにあなた自身が本当に賭けていることを意味します。しかし、相手との間に橋を架けようと躍起になるあまり、**あなたとあなた自身の間に橋がなくなっている状態にある**かもしれないのです。仕事のナラティヴだけになってしまうと、自分自身のその他のナラティヴとの間で乖離が起きてきてしまいます。

そのような状態になると、理想を失ってしまう危険性もあります。「私はこれだけ努力しているのになぜあの人はわからないのか」とか、「面倒だからもう相手の言うとおりにしておこう」とか、そうした考えに支配されてしまうリスクもあります。

そのようなことに陥らないためには、是非、**職場の内外に「相棒」を見つけておくこと**が大切だと思います。相棒のような人はなかなか見つからない、と思われるかもしれません。しかし、「ああ、この人こそ真の相棒だ」と思える人に出会えなかったとしても、橋の架け方次第では、どんな人とでも、相棒に近い役割を互いに担い合える関係を築くことは不可能ではないと思います。

そのためには、相手のことをまず大切にしてあげてください。哲学者のエーリッヒ・フロムは『愛するということ』という本の中で、愛の本質とは与えられるものではなく、本質的に与えるものであると述べています。愛という言葉には抵抗感があるならば、強い信頼関係と読み替えてもよいかもしれません。人から大切にされ、信頼されるというのは、大変嬉しいことですが、しかし、与えることにこそ喜びがあるということを彼は強調します。

このように自分の生命を与えることによって、人は他人を豊かにし、自分自身の生命感を高めることによって、他人の生命感を高める。もらうために与えるのではない。与えること自体がこのうえない喜びなのだ。だが、与えることによって、かならず他人のなかに何かが生まれ、その生まれたものは自分にはね返ってくる。ほんとうの意味で与えれば、かならず何かを受け取ることになるのだ。与えるということは、他人をも与える者にするということであり、たがいに相手のなかに芽ばえさせたものから得る喜びを分かちあうのである。

孤立しているときには、苦しさのあまり他者に怒りを覚えたり、恨んだりすることはありえます。それは仕方のないことです。ですが、そのような状況の只中にあってこそ、私たちは、他者と連帯する、フロムの言葉で言うならば、他者に与える自由があることに目を向けておきたいものです。

そして、これは相棒を作るときにだけ有用な考え方ではありません。私たちが組織の溝に橋を架ける行為そのものに通底して存在し、大切にすべきことであると言えます。

与えることを通じて、私たちは組織を新たに生成する挑戦の入り口に立つことができるのです。

落語とナラティヴ

私は落語が好きなのですが、特に好きな噺《はなし》に、「藪入《やぶい》り」があります。これは、丁稚奉公に出した息子が「藪入り」と言って、久々に実家に一日だけ帰ってくるという噺です。

噺はそのことに興奮して眠れない父親の話から始まります。父親は、「どうせ帰ってくるのならば、湯に連れて行ってやって、その後は、品川に連れて行って海を見せてやろう、どうせ品川に行ったら川崎のお大師さんのところに連れて行ってやって、せっかく川崎に行ったのならば、横浜に行って船を見せてやって、江の島を見せてやって、鎌倉に行って、三保の松原から富士山を見せてやって、名古屋に行って……讃岐の金毘羅さんをお参りして……」と、どんどんと話が膨らんでいくという笑い話が出てきます。

しかし、この話の面白いところは、どこかに連れて行ってやろう、というところから始まり、徐々に行き先が順を追って遠くへと進んでいくところです。

対話を実践することの一つ一つは、地道に歩を進める取り組みです。先の落語でいうならば、一足飛びに横浜なり江の島なりに行けばよいと思うかもしれません。しかし、大事なのは、品川に行かなければ川崎に行こうと思わないし、川崎に行かなければ、横浜に行こうとは思わない、ということです。

一足飛びに目的地に行こうとしても、人は今いる状況で物事を考えてしまうのが自然でしょう。今いる状況で良し悪しを考えるということは、出会うものを限定しているということです。

ひとつの橋がかかることは、単に少し先に進めるようになったというだけのことではないのです。

自分が立っている状況を自ら変えたことで視野に入ってくるものが変化して、次の目指すべきところが見えてきたということです。

つまり、組織のナラティヴの溝に地道に橋を架けていくと、気がついたらとても遠いところまでたどり着けていた、ということは大いにありえるでしょう。一方で、そうしたことなどやっている場合ではないと、一足飛びにどこかに行こうとしても、ナラティヴの溝に落ちてしまって、あまり遠くには行けないかもしれません。

物事はドラスティックに変化するのではないし、私たちの認識も一足飛びに変化するということはありません。いきなり私たちは横浜に行こう、とはならないし、おそらくそうした状態だと、せいぜい一番遠くに見えるのは、二子玉川くらいかもしれません。

私たちの社会も、認識も、漸進的に変化していくものです。焦らず橋を架けながら、徐々に遠くへと進んでいくということを心がけたいものです。

［第7章］

ナラティヴの
限界の先にあるもの

あなたが何もしなければ
世界は何も変わらない。何もね。

UNLESS
someone like you cares a whole awful lot,
nothing is going to get better. It's not.

(Dr. Seuss『ロラックスおじさんの秘密の種』)

これまで私はこの本を通じて、一貫して「観察せよ」、つまり**「見えていないものを見よ」**ということを書き続けてきました。そして、他者との間に生じる適応課題の背後には、「私たちは見えていないことが何かが見えていない」、「わかっていないことが何かがわかっていない」という問題があることを述べてきました。

どんなに目を凝らしても、私たちは自分のナラティヴのために「見えていないこと」がありますす。それだけに、自分のナラティヴからは見えていないものを見ようとすることは、新たな関係性を構築していこうとする上で根本的に重要です。そして、それは同時に、見えていないものがあるということは、新たな関係性を構築して、私たちの企業社会をもっとよいものにしていくための希望が眠っていると考えることもできるでしょう。

この章では、どうして見えていないものが存在するのか、どうやってそれを見ることができるのか、ということについて述べていきたいと思います。そして、その問題とこの本と密接に関係している**「ナラティヴ・アプローチ」**の考え方とがどのように繋がっているのか、という点についても説明していきましょう。

ナラティヴ・アプローチの医療の研究から

この本の知的なバックボーンには、ナラティヴ・アプローチの様々な研究があります。ナラティヴ・アプローチと言うと、何か具体的な「アプローチ」をナラティヴを用いて行う、というイメージを持たれると思うのですが、実はそうではありません。ナラティヴ・アプローチは、**「語り」としてのナラティヴに着目して、対話的な実践を行うことを主軸に置いている様々な研究**の緩やかな総称のことです。

もともと臨床心理や看護、医療といった領域から始まった研究領域で、主に社会構成主義という思想に基づきながら、クライアントとセラピスト、患者と医療者といった異なる立場の人間が、対話的によりよい実践を生み出していくために生み出された思想であり、実践の知的な集積でもあります。

そのときに問題になるのは、専門家は自分のナラティヴに基づいて正しい説明をするけれども、クライアントや患者がそれに対して違和感を示す、というような状況です。技術や知識の上では正しいはずなのに、なぜかうまくいかないという問題が起きるのです。この時に何が起きているのかと言うと、自分のナラティヴの外側にあるクライアントがどのように自分の語ることを受け止めているのか、専門性というナラティヴが邪魔をして見ることができないという問題です。

緩和ケア医の岸本寛史さんの書いた『緩和ケアという物語』という本には、そのことを端的に表すエピソードが登場します。少し長くなりますが、その箇所を引用して、考えてみたいと思います。この箇所は、肺ガンの患者さんに、ガンの疼痛を抑えるために、麻薬性の鎮痛剤を使用しているときに、患者さんが看護師に語った内容です。

もう、どうしていいかわからない。薬が増えても痛みはマシにならないのに薬だけがどんどん増えていく。しんどいしフラフラになるし吐き気も出ている。先生とか薬剤師さんに「痛みは?」って聞かれたら、痛いので「痛い」って答える。そうしたらまた薬が増える。先生に「痛みのコントロールがまだできていないので、薬を増やしてみましょう」って言われたら、私もそうなのかもって思ってしまって「わかりました」って確かに同意している。でも、薬を増やしてもぜんぜん痛みは変わらないし、「わかりました」って言っていても、心のなかではどこかで嫌だって思っている。でも、痛みがあるのに痛くないって言うのもおかしいし。私は、本当は薬を増やしてほしくないと思っているけどそれが伝えられないことが、精神的にこたえる。

このようにこの患者さんは語ります。しかし、医師からすると、ガンの痛みは、適正な量の鎮痛剤を使用することでコントロールできるということは科学的にエビデンスがあり、明らかなことです。当然、患者に対して「疼痛を抑えるためには適正な量の鎮痛剤を使用して……」と科学的に正しい知識に基づいて説明をしようとします。

しかし、岸本さんは、それは「正しい説明という暴力」であると指摘します。なぜならば、正しい説明とは、医師のナラティヴに即しては正しいけれど、患者の生きている世界におけるナラティヴと医師のナラティヴは異なるからです。つまり、医者からすれば正しく見えても、患者からすれば違和感があることがありえるわけです。そして、医者の側から見て、「間違った理解をしている」というのは、患者のナラティヴを無意味なものだという前提で捉えているという暴力なのだと述べるのです。

では、なぜそのような「正しい説明という暴力」が生じるのでしょうか。岸本さんは、このように述べます。

聞き手（引用注：医師のこと）の基盤に「がんの痛みはとらねばならない」というナラティ

ブがあって、聞き手がその影響を強く受けているという自覚がないと、「薬を減らしたい」という患者の訴えは、到底受け入れられないと感じられるだろう。そして医学的見地からは、ナンセンスなこととして無視されることになりかねない。

医者の枠組みと患者の枠組みは異なります。そして、そのことで食い違いが生じます。それが、先の患者の語る内容でした。しかし、医者の枠組みからしかそれを見ていないと、患者が一体何を語ろうとしているのかを理解することができないのです。しかも、医者の枠組みは、科学的なエビデンスに基づいているためとても頑強です。それに比して、患者の語りは、何のエビデンスもなく、なんとも弱々しいものです。

しかし、だからこそ、医者は一度自分の専門的なナラティヴを脇に置いて、科学的にはおかしく見える説明を通じてでも、患者が何かを語ろうとしているのだということをしっかりと観察しなければなりません。その患者のナラティヴと医師のナラティヴとの溝に橋を架けていく行いこそが、よい医療の実践を生み出すのだと考えられるのです。

ナラティヴ・アプローチが目指すところは、相手を自分のナラティヴに都合よく変えることではありません。自分が自分のナラティヴの中においてしかものを見ていなかったことに気づき、自らを改めることを通じて、相手と私との間に、今まではなかった関係性の構築を目指すことにあります。

つまり、溝に直面した際に、自らを改めることを通じて、相手がその人の人生の主人公として生きていくように支援をし、それによって、自分もよりよい実践ができるようになっていくこと、これこそがナラティヴ・アプローチが目指すものであると言えます。

そしてこの点は、これまでの各章で述べてきたことの下敷きになっているということがおわかりいただけるでしょうか。

組織の中で、お互いにそれぞれのナラティヴの中で正しいことを主張して、相手を変えようとすることによって溝は深まっています。しかし、相手に相手のナラティヴを捨て去ることを求めるのではなく、相手のナラティヴをよく観察した上で、相手がよりよい実践ができるように支援をしていくことが何よりも大切なのです。

その相手のよりよい実践の中において、こちらの考えや取り組みの相対的な位置を得ていくことによって、自分の考えか、それとも相手の考えか、という対立関係ではなく、自分も他者も両方が生きられる関係を構築していくことを目指すのです。

自分を助けるということ

もうひとつ大切な点があります。それは、**対話の実践は自分を助けることになる**ということです。

2章で私は「上司が間違っていることをわからせたい」ためにMBAに来た社会人学生のお話を書きました。私たちの企業社会は今、私たち自身が仕事の人生における主人公であることを難しくさせているように思います。

それは5章で紹介した仕事に生きがいが感じられないという調査結果もそうですし、高い自殺率もそれを表しているものかもしれません。

私たちが自分の仕事人生の主人公になるためには、一体どうしたらよいのでしょうか。何が私たちを主人公であることから遠ざけているのでしょうか。それは、私たちの生きているナラティヴが、私たちを主人公でなくさせているのです。このナラティヴとは一体何でしょうか。

ヨーロッパの組織論研究で1990年代に議論されたひとつのテーマは、メタファーと組織というものでした。その代表的なものに、ガレス・モーガンというイギリスの組織論の研究者が、組織理論のメタファーを分析した『組織のイメージ』（Images of organization：未訳）という本があります。

この本は1990年代にヨーロッパで大ベストセラーになりました。この中で、彼が述べているのは、組織を語る上で、支配的なメタファーは、「機械」、「有機体」、「頭脳」だというのです。「メタファー（隠喩）」とは何かを簡単に説明しておきましょう。メタファーとは、私たちの理解を作り出す言葉の結びつきの働きを指しています。例えば、私たちは挫折を経験したときに、「人生につまずいた」と言うことがあります。このとき、人生の中で直面した苦しみの経験を「道」ないし「旅」のメタファーでこの人は語っていると言えます。「道」なので、つまずくわけです。そして、挫折の経験を旅の行程の一場面として認識できるわけです。

いわく言い難い経験やものごとを表現する際に、慣れ親しんだ概念と結びつけて語ることによって、私たちはその経験やものごとを理解可能なレベルの抽象度に落として理解することができます。こうした言葉を結びつける働きをメタファーと言います。

モーガンの議論に基づけば、組織は「機械」のように感情を持たず正確に機能することをある種の美徳として持っていたり、あるいは、環境適応を通じて生存を図る「有機体」であって、内と外は明確に分かれたものとして考えられていたり、意思決定をする「頭脳」とそれに「従う体」

というイメージで捉えられていたりする、というわけです。確かに、これらの言葉は、私たちが組織を語るときに、その言語表現の中に気がつかないうちに潜んでいるという実感があると思います。

そして、これらの組織の支配的なメタファーに共通するのは、**私たち働く一人ひとりは組織を構成する部分であり、中心的な存在ではない**、ということでしょう。

このメタファーは、私たちの仕事人生の物語を形作るとても強力な装置として機能しています。知らず知らずのうちに、私たちはこうしたメタファーで言葉を交わし、自分を主人公でなくしていっているのです。

しかし、私たちには、先の緩和ケアの現場における患者さんのように、あるいは、ミスターミニットの迫俊亮さんが現場で感じたように、すぐには言い表すことができなくても、何かうまく言い尽くせない違和感があります。この違和感こそが、私たちに新たなナラティヴを紡ぐことを可能にする入り口であると言えます。

なぜならば、それは、既存の私たちの枠組み、すなわち、生きるナラティヴの外側に何かがあることを意味しているからです。そして、それに向き合うことが、私たちが感じる違和感を超えた新たなナラティヴを構築していくための手がかりになるのです。

ナラティヴ・セラピーの臨床心理家のトム・アンデルセンは、この違和感を大切にしたことから、独自のセラピーを生み出していきました。

当時の臨床心理の現場では、家族をシステムとして捉え、このシステムの問題に介入する家族療法という方法が盛んに行われていました。そこでは、専門家であるセラピストが、問題のある家族に対して介入することが当たり前に行われていました。この「正しい専門家」が「間違っている家族」に介入するという関係性に違和感を覚えたのが、アンデルセンでした。

彼は最初、家族療法の旧来の専門家が問題を抱えたクライアントに介入する、というモデルに違和感を抱き、少しいつもと異なる実践を試みました。その場面について、彼はこう語っています。

僕らは、その当時の誰もがやっていたように家族療法をやった。

僕らはとてもアクティヴで、自分たちが家族と戦争しているかのように思わせる介入という言葉さえ使っていた。僕らは、出身がフィンランドであれ、ノルウェーであれ、アメリカやオーストラリアであれ、たいていみな、二つの主な質問を扱った。問題をはらむ状況に直面すると、ほとんどの場合、その二つの大きな質問をすることになったんだ。ひとつは「これは何か？」、もうひとつは「どうしたらよいのか？　どうしたら問題なくやっていけるのか？」実際、普通の人々は前者よりも後者の質問に興味をもち、それは新たな岐路を作り出した。僕は、「これは何か？」という質問よりも、「どうしたらよいのだろう？」という質問を優先することにした。（中略）

家族とて、「これは何か？」ないし「どうすればよいのか？」と自問した後、自身の質問に答えていた。僕らは、もしも彼らの答えが問題から脱け出す上で役に立たないのなら、その答えは問題をこじらせていると考えた。だから、彼らにそれまでとは違う考え方を求め、何か異なることをするよう求めたのである。介入者として僕らはこう言った。

「あなたがたが考えてきたことの代わりにこう考え、あなたがしてきたことの代わりにこれをすべきだと僕らは思います」。代わりにという短い言葉で、僕らは彼らに平手打ちをくらわせた。平手打ちをくらうのはとても不快なものだ。誰かに平手打ちをくらわすのもとても不快だ。家族は、僕らが言ったことに異議を唱えた。

彼らは言った。

「あなたがたはわかっていない」

「いいえ、僕らは十分にわかっています」

「あなたがたは私たちをあまり知らない」

「いいえ、僕らはあなたがたをよく知っています」

家族と絶えず戦う、そんな所にいるのは、とても不快だった。

それで一九八四年の秋のある日、ほとんど突然、僕らは彼らにずいぶん違ったふうに話し始めた。

「代わりに」というフレーズを取り除いて、「加えて」というフレーズに置き換えた。

僕らは言った。「あなたがたが考えたことに加えて、僕らはこんなふうに考えていたんです！」

「あなたがたがやってきたことに加えて、こうすることを考えられますか？」

家族との争いは消え、同じ部屋にいることが即座に、ずっと快適に感じられることとなった。僕らが「代わりに」から「加えて」に変化した瞬間に起こったことは、イデオロギー的かつ哲学的大変化だった。僕らは「あれかこれか」から「あれもこれも」という思考に移行した。自分たち自身の新たなあり方と考え方を生み出し始めたのである。

少しだけ解説をすると、「正しいセラピスト」が、家族が日々問題を抱えている状況でとっている行動の「代わりに」、「こういう正しいことをやってはどうか」と提案をしたというのが上記の場面です。しかし、家族はそれに対して反発をします。

なぜならば、アンデルセンたちの言っていたことは、確かに家族療法という枠組みにおいては正しかったのかもしれませんが、家族という枠組みにおいては、アンデルセンたちがなぜか主役で、自分たちが脇役に追いやられ、アンデルセンたちの言う正しいことに、自分たちが合わせろ、と言われていたように感じたからでしょう。

まさに、カウンセラーという主人公にとっての「道具としてのあなた」として位置づけられることに対する当事者の家族側からの反発であったと言えます。そして、アンデルセンたち自身も、自分たちのカウンセリングを実践するための道具としてクライアントを位置づけることへ違和感を募らせてもいました。

ここで注目すべきは、誰も悪意があってそうしているわけではなくて、アンデルセンたちですら、「なんとかしてあげたい」という思いで、「あなたたちがこうする代わりにこうしてはどうか」と提案していたのだということです。けれども、その関係性に問題があったのです。

この「代わりに」という言葉を浴びせていたことをアンデルセンたちは「平手打ち」と表現し

ました。そしてその違和感を手の内に宿していた中で、ふと、「加えて」という言葉に気がついたのです。平手打ちは、された側が不満を述べているだけではなく、している側にも嫌な思いが残ります。

これがなぜ「イデオロギー的かつ哲学的大変化」だったのでしょうか。それは、正しいセラピスト、間違っているクライアントという治療の場に気づかないうちに構築されていたナラティヴを大きく転換させるものだったからです。クライアントにはクライアントのナラティヴにおける正しさがある、そのことを受け入れ、ともにセラピーの場を作っていく存在へとお互いが変わる対話的な関係へと大転換する大きな一歩だったからです。

これは、企業の中でも同様でしょう。

その平手打ちの不快感を「経営陣なのだから、本社なのだから、上司なのだから、部下なのだから、正しい」ということはできます。ですが、その違和感が、どこから生じているのかと言えば、それは、平手打ちをしている側もまた、自分が正しいと言われてきたやり方、在り方、つまり、それぞれの専門性のナラティヴの中で主人公でなくなっていることへの気づきから生じているのです。

これは権限のある人も同様です。迫さんが感じたことは、「経営陣の専門性」という世の中に支配的なナラティヴの中で自分の言動を正当化していたことへの違和感でしたが、それは、自分が構成していったナラティヴではなかったからです。どこかで、そのナラティヴは居心地が悪く、主人公にはなれないものだったのです。

その違和感をなかったものにすることはできるでしょうが、その苛立ちは、私たちを消耗させます。私たちは、私たち自身がその違和感、苛立ちから目を背けることで、私たち自身を痛めつけているのです。**その違和感や苛立ち、居心地の悪さは、今の自分のナラティヴに何らかの限界があることを知らせるものであり、その限界を表しているのが、他者の言動であったりします。**それは、岸本さんであれば患者の語りでしたし、アンデルセンであればクライアントの反応でした。

こうした他者との対話を実践していくことは、この本の主題である組織のナラティヴの溝に橋を架けるという課題にとって極めて大事であると同時に、実はその対話を実践しようとする人自身にとっても意味があります。

他者を道具としてではなく、替えの利かない他ならぬ存在として捉え直していくことは、あなた自身に他ならぬ存在へと命を吹き込むことでもあるのです。自分の違和感を大切にしていくことは、他者を助けるだけでなく、あなた自身を助けることでもあるのです。

私たちはお互いに理解し合えない苦しみ、他者に見せられない痛み、そしてそれを語ることのできない寂しさを抱えて、今の企業社会に生きています。

しかし、私たちはだからこそ、そのことに向き合って、新たな信頼関係、絆、そして「連帯」を築いていく入り口に立っているのです。連帯とは、不愉快なことを言ったり都合の悪いことをしてくるようなわかりあえない他人と思うような人であったとしても、自分がその他人であったならば、同じように振る舞ったり、感じるかもしれないという可能性を受け入れることです。つまり、自分と他人との間につながりを見出していくことが連帯であると言えます。

旧《ふる》き日本の息苦しい連帯は、もはや過去のものとなりました。これから私たちが紡ぐのは、互いに大切にし合い、ともに苦しみに立ち向かえる新たな連帯です。

そのために何ができるのかと言えば、私たちが自らの痛みや苦しみ、違和感をなきものとせず、それらの痛みに向き合うことを通じて、他者の痛みや苦しみと連帯していく、確かな一歩を歩むことなのです。

父について、あるいは私たちについて

1月の夜、母と私の2人は、父の担当医に呼ばれ、説明を受けるために医局室に座って待っていた。担当医は、神妙な面持ちで2枚のレントゲン写真を提示した。父の肺の写真だった。そこには、転移したガン細胞がはっきりと写っていた。

「先日レントゲンを撮影した際に、念の為、肺の写真も撮影したところ、ここと、ここに転移が認められました」

「はい」

「あと1ヶ月、3ヶ月は難しいと思います。肺のガンが大きくなると、呼吸が困難になることで苦しむことが予想されます。最大限、苦しみを緩和できるように全力を尽くします」

「……はい、お願いします」

私は、何も考えることはできなかった。

なぜ、父の容態がこのように急変するかについて、論理的な説明は可能であろう。何十年も前に輸血で感染したと思われるウィルス性肝炎が悪化し、肝臓ガンが生じ、それが転移し、死に至ることが確実となった、ということである。その説明は明確に理解できた。

しかし、まだ自分の中に、その現実の居場所を見つけることはできなかった。だが、そんな猶予などなく、父の死は現実として迫っているのも事実だった。

戦前生まれの父は、私を幼少の頃から、長男として大きな期待を寄せて育てた。集団疎開に行った話、昼間は働き、夜学で大学に通った話、大学に通っている最中に肺結核になって倒れた話、「お前には話していない苦労はたくさんある」と、日頃から語っていた。そんな父に私は尊敬と畏怖の念を持って生きてきた。しかし、その父が死ぬことが迫っていた。

父の死は、単に一人の愛する家族の死という意味にとどまるものではなかった。

父は小さな会社の経営者であった。父はバブル期に大手の銀行に株取引をそそのかされ、その結果、莫大な負債を負った。私たち家族は、そのバブルの敗戦処理をしなければならないという荒波の真っ只中にあったが、父の死という新たな大嵐が、さらにやってきたのであった。

私たち家族は、小さなボートであったが、父という漕ぎ手を失い、このまま海の藻屑として潰えてしまうのだろうか。私は、父という仰ぎ見る存在を失って、一体どう生きていったらよいのか。

だが、私は諦めるとか、それをなげうつことはできなかった。現実としてできなかったし、精神としても、またそれはありえない選択であった。もはやこの現実から逃げ出すことはできないのである。私が逃げ出したときは、一家離散、あるいは、死ということを意味していたからである。

これは大げさに聞こえるかもしれないが、紛れもない現実であった。中小零細企業の経営者は、自分の住む家を抵当に入れていることが多い。家を失い家族がバラバラになった人が何人もいることを父から聞かされてきた。

生前に父と、当該の銀行が主催のパーティーでの集合写真を見ながら話したことがある。父と同じような境遇に置かれた人たちの写真である。まだその先に何が待っているのかを知らぬ人々の嬉々とした顔がそこにはあった。その後、その半数近くもの人が自ら命を絶ったということを父から聞かされて、私は驚愕した。

父はそのような危機を回避すべく、自らの死の数年前から対策を講じ始め、私は弁護士事務所回りに付き合い、絶望的な話を聞かされ続けた。大変に苦しい時間を過ごした。私はその中で精神を擦り減らし、自ら命を絶って楽になりたいと思ったことは、一度や二度ではなかった。

つまり、父が死ぬということは、私たち家族が中心人物の喪失と莫大な負債という大きな問題に、全面的に立ち向かわなければならないことを意味していた。そして、3人姉弟の長男である私は、まさにその矢面に立つことは避けられなかったのである。


3月末、父は私たちとしばしの別れを告げた。

幸い、肺に転移したガンは大きくならず、父の最期は安らかであった。

父の死後、数ヶ月を経て、本格的な戦いが始まった。連日、様々な利害関係者と、崖の縁に立たされたまま金の話をし続ける。それは言葉に尽くせぬ、辛く苦しい日々であった。

そんな中で、父をそそのかした銀行の人々に「なぜこんなにひどいことをしたのだ。父は病で亡くなったが、命を絶った人々はあなたたちが殺したのだ。父もこんな状況でなければ、もっと時間もお金もかけた治療ができて、生きていられたかもしれないのに」と深い憤りを覚えた。

また、父に対しても激しい怒りが芽生えていた。「なぜあなたは、こんな苦しみを家族に負わせて逝ったのだ。あなたがそそのかされても手を付けなければ、こんな苦しみを味わうことなく過ごせたのに」という怒りである。

その憤りや怒りは、自分を消耗させた。そして、どこかで私の中に、違和感を残していた。その違和感とは何だろうかと自問自答を繰り返していたが、あるとき、ふと気がついた。

私がその銀行の人間であったら、私が父であったならば、どうであっただろうか、ということである。私も彼らのように振る舞う可能性はあったのではないだろうかと思ったのである。

銀行の人々も、決して悪い人間ではなかったはずだ。

家に帰れば、善き父だったかもしれないし、善良な人間として、もしかすると、自らの為したことに痛みを覚えていたかもしれない。いくつかのバブル期を描いた小説には、そうしたことに苦しむ銀行員の姿が描かれていたことも、そのことに私が目を向けさせることを手伝った。

私も同じ立場であったならば、もしかすると、同じようなことをしていた可能性を完全に否定することはできない。私も、彼も、一人の弱い人間なのだから。

父もそうだ。

父は戦前の生まれで、苦労をしながら起業し、そして、事業を営んできた。銀行にそそのかされて取引を受け入れたのは、自らの努力がやっと人から評価され、報われたという思いもあったのだろう。バブルよりも以前には、都銀は零細企業などまるで相手にしてこなかった時代を過ごしていたのに、ある日から東京中の支店長に頭を下げられたときのことを思えば、私も同じようにしてしまったかもしれないことを認めなければならないだろう。

父も決して家族を苦しめようとして、取引に手を出したわけではないのだ。彼は、孤独な一人の経営者だったのである。

憎むべきは彼ら自身ではない。彼らをそうせしめた状況、彼らが組織の中で置かれた状況や取り巻く関係性である。あの当時、銀行で働いていたならば、無理にでも融資を増やさなければならない状況にあったのは間違いないだろう。その中で、私の父や他の人々は人生を大きく狂わされた。だが、そうせざるをえなかったのは、彼ら一人ひとりの人間が邪悪だったからだろうか。そうではないのではないか。彼らが、自分がやっていることの意味を相手からは考えることのできない関係性の中にいたからではないか。

形を変えて、同じような過ち、同じような弱さから人間は逃れることはできないのではないか。だとすれば、私は、自分の痛みばかりに目を向けていることは、公平ではないと思った。彼らも自分もまた、関係性を生きる人間である。人間は、関係性に埋め込まれ、身動きが取れなくなる弱い存在である。その弱さは私の中にも厳然として存在している。

その弱さが存在していることについて、私に痛みを与えたことへの責任という物語で圧殺して見て見ぬふりをしていても、どこかで残る違和感を私も認めなければならなかった。憎んでいた彼らと私は、地続きの存在であることを認めないことは、とても卑怯なことではないかと思った。

だから、私はそこに連帯を見出すべきであると思った。連帯とは、私がもしも相手であったならば、同じように思ったり、行ったりしたかもしれないことを認めることである。私の中に相手を見出すことである。私と彼らは地続きの存在なのだ。

だから、一方的にではあるが、彼らと和解することにした。和解とは、これで一切そのことを恨まない、これでおしまいというわけではない。彼らを赦し受け入れる道を歩む決意をしたのである。

私がなすべきは、彼らを恨むことではない。彼らを声高に糾弾することでもない。私たちは敵と味方の関係ではないのだ。私たちはともに、弱さを生きている存在なのだ。この愚かで、弱い人間という存在は、しかし、それゆえに、よりよい関係性を生きることができれば、素晴らしい存在にもなりうる弱さを持つ、希望に満ちた存在でもあるのだ。

私たち弱い人間が、それゆえに善き人間として生きられる関係性をいかに築いていけるのか、私は父にそのミッションを託されたのだと思っている。

＊＊＊＊＊

あとがきにこのような個人的なことを書いたのは、苦労自慢をしたいわけではありません。形を変えて、みな、様々な生きる苦しみを抱えているのが人間で、たまたまわかりやすい形で私はそれを経験しただけだと思っています。

しかし、このわかりやすい苦労は、自分がこの時代に生きる一人の経営学者として、何をやるべきなのかということをよく教えてくれた、かけがえのない経験であると思います。

この本を通じて、私は対話という言葉の意味を刷新したいと思って書いてきました。より正確に言うならば、対話を「私とあなた」の関係性をつくっていくための実践という、対話の本来の意味に戻したいと思って書きました。

しかし、そのように思うに至ったのは、私自身が過去の辛かった経験から、生き残るためになんとか自分を助けようと取り組んできたことだからではないかと思いました。

私は、対話に助けられて、今生きているのだと気がついたのです。

しかし、このことに気がつくまでに、父の死から15年近くの時間が必要でした。

ここまで読んでくださった方にお伝えしたいことは3つあります。

ひとつは、焦らずに、着実に歩みを進めてほしいということ、もうひとつは、逆境の中でもへこたれずに対話に挑み続けてほしいということ、そして、苦しみの中にある人に手を差し伸べてほしいということです。

企業社会はデジタル化が進み、様々な成果を生み出すことへのプレッシャーは強くなり、また、そのサイクルもどんどん短期化しています。私の働いている大学の世界も実は似た状況にあり、論文を書いたり、学会報告をしたりと、短期的な成果を出さなければ大学の職を得ることが難しくなっています。

父が亡くなったのは、博士課程の1年目の終わりでした。私は大学院生の期間、父の「バブルの敗戦処理」をしながらも、研究成果も出さなければ生活の糧が得られないという中で、自分なりに必死に取り組みました。

幸いにして、そうした研究を評価してくれる大学に公募でたどり着き、職を得ることができました。また、その中で研究を進めてきた結果、応募した大学で採用をしてもらい、現在の大学で働けるようになりました。

きっとみなさんも、短期的な成果を仕事で求められる中で生きていらっしゃると思いますが、もしかすると近いところがあるのではないでしょうか。私は目先のことをこなしていくことは、まったく悪いことではないと思います。むしろ、短期的な成果はちゃんと出す必要があると思います。

しかし、それだけでは自分なりに納得がいく仕事をしていくことにはつながっていきません。自分が自分の人生の主人公として仕事をしていくためには、自分を形作ってきた経験に目を向けていくことが大事だと思うのです。私もまだ途上ですが、しかし、自分がどうしてナラティヴや対話といったことに惹きつけられてきたのかと言えば、やはり、自分にあるタイミングで託されたミッションになんとか応えようとしてきたからなのかもしれません。

短期的に成果を生み出すことからは逃れられませんが、しかし、自分自身を形作ってきたものの数々から、自分の長期的なビジョンを得ることはとても大切です。それが何なのかがわかるのは、短期的に頑張っている中からなのかもしれません。だから、明確なビジョンが見えなくても、焦らずに、しかし、誇りを持って、ひたむきに頑張っていこうではありませんか。

へこたれずに対話に挑んでいくことについて。

私は自分によってもたらされた逆境でなかったことがもしかしたら幸いして、生き延びることができたのかもしれないとも思います。父の件で、少なくとも自責の念を持つことはなかったからです。

しかし、仮に自分の失敗で何か苦しい状況に立ったとしても、あるいは、組織の理不尽さに直面したとしても、決して自分を見棄てないでください。そして、諦めずに生き抜くことで、それがよい社会を築いていく一歩なのだということを忘れないでほしいのです。

それは、自分の人生の中だけで成しうるものではないかもしれません。しかし、そうやって葛藤を抱えながら、でも、へこたれずに生きていくことは、次の世代に受け継がれる財産になるはずだと思います。

だから、様々な逆境の中にあっても、諦めないで、対話を忘れずに、一歩一歩を進めていきたいと思うのです。

最後に、自分が逆境の只中にはないけれど、自分の周りの人がそうであったとき、どうか手を差し伸べる存在になっていただきたいと思います。どういう手を差し伸べるのかは、実は対話の大切な側面でもあると思うからです。

私も何人かの方に、父の死後、あるいは、慣れない土地に引っ越したときなど、大変苦しいときに、とても温かい言葉を掛けていただいて、そのことに支えられて今こうして頑張ることができています。もし、その支えがなかったならば、一体自分はどうなっていたのだろうかといつも思います。

様々な研究が指し示すように、私たちは応答する存在です。いかなる手を差し伸べられているのか、あるいは、差し伸べられていないのかによって、他者は異なる存在へと変わっていきます。だから、よりよい社会や組織を築いていくために、可能な範囲で是非とも他者を助けてほしいと思います。

私たちは、弱さや過ちを抱えて生きています。それだからこそ、私たちには対話を通じて、よりよい未来を切り開く希望があるはずです。私はそれを信じています。

謝辞

私にとって初めての単著となるこの本は、数多くの人の助けと励ましによってできました。本書で取り上げているエピソードは、メンタリングやアドバイザー、講演活動や私信などを通じて得た情報に基づいていています。単一のエピソードから構成されている場合は、個人や企業が特定されないよう慎重に記述しました。そのため、所属に関連する情報や詳細箇所などを本来のものと異なる形で記載している場合があることをご留意ください。

この本を書くにあたって、対話やナラティヴが、関係性を変えていくことによって我々の社会の限界を乗り越え、新たな可能性の地平があることに気がつかせてくださったのは、北海道浦河町にある精神障害ケアのコミュニティ・べてるの家の思想との出会いでした。創立者の北海道医療大学の向谷地生良さんと、べてるの家、及び、札幌なかまの杜クリニックに連なる人々に心から感謝します。みなさんとの出会いが私の目を開かせてくれました。

また、立命館大学の齋藤清二先生は、ナラティヴと実践のつながりを『関係性の医療学』（遠見書房）他の書籍を通じて著され、それらの研究を通じ多くの学びをいただきました。また、実際に様々な機会を通じてご指導をいただきました。感謝いたします。

翔泳社Ｂｉｚ／Ｚｉｎｅ編集長・栗原茂さんは、東京に戻ってきて間もなかった私に興味を持ってメディアを通じて様々な機会を提供し、今の自分の研究活動に多大なる貢献をしていただきました。いつも感謝しています。

また、栗原さんを紹介くださり、一緒に連載を1年以上にわたってともにし、新たな組織の在り方について考えてきたダイヤモンドメディアの武井浩三さんと、その武井さんを紹介してくれたもうひとりの武井さんである、マーズフラッグ武井信也さんに感謝します。お二人のおかげで、社会の閉塞感を打破する起業家の素晴らしさを知り、また、来るべき企業社会の足音を感じることができました。

Ｓａｎｓａｎ柿崎充さん、渥美裕之さん、厚木大地さん、リクルートマネジメントソリューションズ荒金泰史さん、山下由佳理さんは、私に講演やセミナーなど様々な機会を与えてくださり、多くの企業人との出会いをもたらしてくれました。そうした出会いを通じて、私の思索が大いに深まり、磨かれました。感謝いたします。

日清紡ホールディングスの石坂明寛さんは、私が九州にいた頃から、様々な企業人に引き合わせてくださり、また、精神的な支えとなってくださいました。折々のお支えに心から感謝いたします。

Makuakeの木内文昭さん、SAPジャパンの大我猛さん、富士通の宮田一雄さん、小針美紀さん、LITALICOの本郷純さん、マネックスベンチャーズの永井優美さんほか、ここではすべての方のお名前を挙げることはできませんが、私が思索を深める上で様々な場面で機会を与えてくださり、お話をしてくださった企業人の方々に心から感謝いたします。

長崎大学経済学部、西南学院大学商学部、埼玉大学経済学部・大学院人文社会科学研究科、ウェールズ大学経営大学院MBAプログラム、それぞれでゼミ生としてともに学んだメンバーに感謝しています。日々の議論を通じて私が学び、変わっていくことができました。学問は1人でするものではないのだと教えてくれました。

専修大学の間嶋崇さん、日本大学の黒澤壮史さん、東京大学の樋口あゆみさんは、ともに研究する仲間としていつも助けてくれました。特に、私がヒートアップした頭を整理するために夜の散歩での電話相手になってくれましたね。いつも感謝しています。

私に経営学研究における実践やナラティヴの意義を授けていただいた室蘭工業大学の高井俊次先生、自分の研究に様々な角度から議論をしてくださった早稲田大学の木村達也先生、カール・E・ワイクの理論から動態的な組織の認識論を授けてくださった法政大学の遠田雄志先生、博士課程の3年間、スタンダードにもオーソドックスにもなれない自分に、研究指導をしてくださった明治大学の高橋正泰先生、修士課程を指導してくださった立教大学の鈴木秀一先生に感謝をいたします。先生方のご指導がなければ、今の研究活動をすることはありませんでした。

ＮｅｗｓＰｉｃｋｓで編集を担当してくださった中島洋一さん、そして新レーベルの編集長である井上慎平さん。

中島さんの献身的な編集者としてのお働きがなければ、私の難解になりがちな文章は、読者に届けることができなかったと思います。そして、この本を世の中に新レーベル創刊として出す決断をしてくださった井上さん。お二人に心から感謝しています。

最後に、日々忙しい中、自分の生活を支えてくれている妻と娘には言葉では言い尽くせぬ感謝を。心から、ありがとう。

本書を亡き父へ捧ぐ。

宇田川元一

参考文献

1 ロナルド・A・ハイフェッツ、マーティ・リンスキー（2017、野津智子訳 2018）『最前線のリーダーシップ―何が生死を分けるのか―』英治出版

2 ロナルド・A・ハイフェッツ、マーティ・リンスキー、アレクサンダー・グラショウ（2009、水上雅人訳 2017）『最難関のリーダーシップ―変革をやり遂げる意志とスキル―』英治出版

3 P・F・ドラッカー（1942、上田惇生訳 2008）『産業人の未来』ダイヤモンド社

4 リチャード・T・パスカル、アンソニー・G・エイソス（1981、深田祐介訳 1983）『ジャパニーズ・マネジメント』講談社

5 ヘンリー・D・ソロー（1854、今泉吉晴訳 2004）『ウォールデン―森の生活―』小学館

6 エーリッヒ・フロム（1956、鈴木晶訳 1991）『愛するということ』紀伊國屋書店

7 ブレーズ・パスカル（前田陽一・由木康訳 1973）『パンセ』中公文庫

8 岸本寛史（2015）『緩和ケアという物語―正しい説明という暴力―』創元社

9 タピオ・マリネン、スコット・J・クーパー、フランク・N・トーマス編（2012、小森康永他訳 2015）『会話・協働・ナラティヴ―アンデルセン・アンダーソン・ホワイトのワークショップ―』金剛出版

10 ハワード・シュルツ、ジョアンヌ・ゴードン（2011、月沢李歌子訳）『スターバックス再生物語―つながりを育む経営―』徳間書店

11 ジム・ホワイトハースト（2015、吉川南訳 2016）『オープン・オーガニゼーション』日経BP社

12 迫俊亮（2017）『やる気を引き出し、人を動かす　リーダーの現場力』ディスカヴァー・トゥエンティワン

さらに学びたい人のための文献リスト

1 マルティン・ブーバー（1979）『我と汝・対話』岩波文庫

対話とは何かについて、徹底的に考察したのがユダヤ人の哲学者・神学者であるマルティン・ブーバーです。私の文章では、「私とそれ」と「私とあなた」という関係性の分類を示しましたが、これはブーバーの「我ーそれ」と「我ー汝」をわかりやすく表現したものです。ブーバーの視点は、私たちは関係性の中に存在し、その関係性は大きく道具的な関係と、我と汝の関係の2つであると述べています。対話とは何かをより深く学びたい方は、手にとって見てください。

2 ケネス・J・ガーゲン（2004）『あなたへの社会構成主義』ナカニシヤ出版

ナラティヴ・アプローチがなぜ今必要なのか、それを思想的に整理したのが、ガーゲンです。この本は社会構成主義という思想を論じる中で、ナラティヴ・アプローチにどのような意義があるのかを論じています。社会構成主義を一言で説明すると「社会が私たちの関係性の道具である言語のやり取りによってできているならば、言語が変われば社会は変わるはずである」という考え方です。私たちが新たな関係性を紡ぐ中で、異なる言葉を生み出していくための実践として、ナラティヴ・アプローチが重要な役割を担っていることが論じられています。

3 向谷地生良（2009）『技法以前』医学書院

北海道浦河町にある精神障害ケアのコミュニティ「べてるの家」を創設したソーシャルワーカーの向谷地生良さんによる、対話的な実践を通じたケアと共同体の形成に関する本です。本書を支える思想のひとつでもあります。べてるの家の言葉に「苦労を取り戻す」という言葉があります。人から治されるだけの患者であることで、他者の与える患者としての人生を生きることをやめ、精神障害を抱えている「にもかかわらず」、どうやって人生を引き受けて苦労を抱えながらも人間として生きていくことができるのか、という極めて重要な問いかけを意味しています。また2章に登場した「見つめない、眺める」という視点は、この本にオリジナルの考え方があります。タイトルに象徴的なように、技術的な問題解決する以前の部分が非常に重要である、ということが述べられています。精神障害ケアは、一人ひとり答えのない適応課題に向き合うことであるとも言えますが、関係性の中で生じる適応課題とそれに対する向き合い方がわかる稀有な一冊です。

4 斎藤清二（2014）『関係性の医療学』遠見書房

医療の領域におけるナラティヴ・アプローチの展開に関して、非常にわかりやすく書かれています。医者と患者のナラティヴをどのようにすり合わせていくのかについて、様々な角度から考察が加えられた論文集で、前半はナラティヴ・アプローチの医療について論じられ、後半はその具体的な事例研究が収録されています。

5 国重浩一（2013）『ナラティヴ・セラピーの会話術』金子書房

日本人の著者によるナラティヴ・セラピーの思想的な背景と実践術が書かれた優れた一冊です。技法というよりも、術（わざ、アート）が書かれているという点が特徴的で、しかも、実践に基づいて、極めて平易な言葉で、解説されている一冊です。

ナラティヴ・アプローチの思想について学びたい方が手に取ると、単にセラピーのことを学ぶというよりも、私たちの人生が物語によってどのように構成されているのか、なぜ、ナラティヴ・セラピーは私たちを助ける力を持っているのか、何をそもそもナラティヴ・セラピーは目指しているのかがよくわかります。

著者プロフィール

宇田川 元一（うだがわ・もとかず）
経営学者。埼玉大学 経済経営系大学院 准教授。

1977年東京生まれ。2000年立教大学経済学部卒業。2002年同大学大学院経済学研究科博士前期課程修了。2006年明治大学大学院経営学研究科博士後期課程単位取得。

2006年早稲田大学アジア太平洋研究センター助手、2007年長崎大学経済学部講師・准教授、2010年西南学院大学商学部准教授を経て、2016年より埼玉大学大学院人文社会科学研究科（通称：経済経営系大学院）准教授。

社会構成主義やアクターネットワーク理論など、人文系の理論を基盤にしながら、組織における対話やナラティヴとイントラプレナー（社内起業家）、戦略開発との関係についての研究を行っている。大手企業やスタートアップ企業で、イノベーション推進や組織変革のためのアドバイザーや顧問をつとめる。

専門は経営戦略論、組織論。2007年度経営学史学会賞（論文部門奨励賞）受賞。

装幀――――川添英昭
本文デザイン――田中正人（MORNING GARDEN INC.）
イラスト――――玉井麻由子（MORNING GARDEN INC.）
本文DTP――――朝日メディアインターナショナル
校正――――鷗来堂
編集――――中島洋一
営業――――岡元小夜
事務――――中野薫

他者と働く
――「わかりあえなさ」から始める組織論

2019年10月4日　第1刷発行

著者――――宇田川元一
発行者―――佐々木紀彦
発行所―――株式会社ニューズピックス
〒106-0032 東京都港区六本木 7-7-7 TRI-SEVEN ROPPONGI 13F
電話 03-4356-8988　※電話でのご注文はお受けしておりません。
FAX 03-4574-6553　FAXあるいは左記のサイトよりお願いいたします。
https://publishing.newspicks.com/

印刷・製本―中央精版印刷株式会社

ISBN 978-4-910063-01-0
本書に関するお問い合わせは下記までお願いいたします。
np.publishing@newspicks.com

希望を灯そう。

NEWS PICKS
PUBLISHING

「失われた30年」に、
失われたのは希望でした。

今の暮らしは、悪くない。
ただもう、未来に期待はできない。
そんなうっすらとした無力感が、私たちを覆っています。

なぜか。
前の時代に生まれたシステムや価値観を、今も捨てられずに握りしめているからです。

こんな時代に立ち上がる出版社として、私たちがすべきこと。
それは「既存のシステムの中で勝ち抜くノウハウ」を発信することではありません。
錆《さ》びついたシステムは手放して、新たなシステムを試行する。
限られた椅子を奪い合うのではなく、新たな椅子を作り出す。
そんな姿勢で現実に立ち向かう人たちの言葉を私たちは「希望」と呼び、
その発信源となることをここに宣言します。

もっともらしい分析も、他人事のような評論も、もう聞き飽きました。
この困難な時代に、したたかに希望を実現していくことこそ、最高の娯楽《エンタメ》です。
私たちはそう考える著者や読者のハブとなり、時代にうねりを生み出していきます。

希望の灯を掲げましょう。
1冊の本がその種火となったなら、これほど嬉しいことはありません。

令和元年
NewsPicksパブリッシング 編集長
井上 慎平